新潮文庫

いじめと不登校

河合隼雄著

新潮社版

8765

はじめに

現在、日本の学校教育は重要な変革期を迎えている。これまでの日本の学校教育――特に初等教育――は、それなりに成果をあげてきたが、現在のように国際化の波が激しく、また社会の変化が激しい時代においては、そのあり方を根本的に見直す必要に迫られている。

従来の日本の教育は、子どもたちを全体としてとらえ、その平均的な能力を高くするには、どのようにすれば効率があがるのか、という点から考えると、世界に誇れる水準にあった、ということができる。たしかに、ひとりの教師が多くの子どもたちの担任になり、しかも、その子たちの学力をあげるという点では、諸外国からも高い評価を得ていた。

ところが、従来の日本の教育のもつ欠点としては、どうしてもその方法が画一的で全体的なので、子どもの個性を伸ばすのが難しい、そして、時には個性を壊してしまうことさえある、ということがある。全体を均質なものとして考え、そのなかで少しでも異なるものは排除しようとする傾向は、日本の学校のなかで、不登校やいじめを生み出しやすい要因のひとつであるとも考えられている。

日本が経済的に成功し、いわゆる先進国のなかに仲間入りをしたように感じはじめたとき、日本人に対する他の国々からの批判が強くなった。日本人は他の国々の発明や発見をうまく利用したり、「改善」したりして、その成果の恩恵を受けているのに、まったく独創的な発明や発見をしたことがない。日本人は自分自身の考えや意見を述べることがなく、いつも大勢に順応している。つまり、個性的でない、というのである。

これらのなかには誤解に基づくものもあるが、なるほどと言わざるをえない部分もある。これに対抗していくためには、初等教育の段階から、子どものひとりひとりの個性を大切にする教育へと発想を転換しなくてはならない。

個性の尊重といえば誰でも賛成するだろうが、これをほんとうに欧米流にするとなると、教育の大変革になるという自覚がないままで、表面的に賛成する人が多いのではなかろうか。一例をあげると、欧米の個性尊重の背後には、はっきりと能力差を認める考えがあり、小学校の段階で、落第やとび級を認めているところが多いが、日本でもそれをそのまま導入するとなると反対されるのではなかろうか。日本人はそれと意識せずにしていることでも、欧米からみると個性破壊に通じることになるのだが、それらをひとつひとつ点検し変えていくことはできるのだろうか。

このようなことをあいまいにしたままでいては、「個性尊重」もまったくかけ声だけに終わってしまうことだろう。そして、これは学校だけではなく、日本人のひとりひとりが考え直すくらいでないと、やり抜けないほどの困難なことなのである。

問題をさらに難しくしているのは、欧米の教育が必ずしも望ましいものとは言えないことである。欧米では日本の従来の初等教育に学べなどと主張する人さえいる。とすると、われわれはここで欧米の教育をモデルにしてもそれに見習うというのではなく、あくまで欧米のを参考にしつつ新しい教育のあり方をつくり出してゆかねばならない。そのような自覚と決意を日本の教育改革は必要としている。

（「教育と医学」一九九六年五月号、「新しい教育観を求めて」改題）

目次

Ⅲ　「河合隼雄」に聞く

いじめと不登校

I　生きる力と学ぶ力

子どもの幸福とは何か

神戸の小学生殺人事件※は今、日本の子どもたちが置かれている状況を考え直す意味において、大きなきっかけとなったと思います。事件自体は非常に特異なケースです。でも、だからといって、放っといたらよろしい、これは自分たちの子どものことと関係ないというのもおかしい。犯罪は社会の影の部分であって、影の側から見た社会の姿を浮き彫りにする働きを持っています。ですから、こういうことが出てくるということは今、思春期の子どもがいかに圧力の高い状況のなかに生きているかということを表しているように思います。社会全体の圧力がすごく高まっているなかで、一番弱いところにパッと雷が落ちたのだと考えたほうがいいですね。

※編集部注　一九九七年に起きた神戸連続児童殺傷事件（酒鬼《さかき》薔薇《ばら》聖斗《せいと》事件）。

子どもの幸福とは何か

思春期の子どもにロールシャッハテストをやらせると精神分裂病（編集部注・統合失調症）と見まがうような結果がよく出ます。思春期というのはそのくらい怖《おそ》ろしい時代なんです。でも、その時期の心の動きを覚えている大人は少ない。あまりにも今の自分の心とは違う世界だから、みんな忘れていくわけです。

思春期が何故《なぜ》、大変かというと、子どもなりに出来上がっていた人間が、根本から覆《くつがえ》されるからなんです。ひとつにはセックスの衝動で、もうひとつはパワー、つまり何かを動かそうとする権力欲。これらが心の底から湧《わ》き上がってきて、その子どもを揺り動かすんですね。女の子の思春期は中学生あたりからですが、男の子の場合はちょっと遅れます。十四歳くらいだと自分で自分をコントロールできなくなってしまう。

昔だったら、ごく自然に親や家族、学校、社会のなかで守られながら子どもたちは大人になっていった。いろんな緩衝装置が働いていたのです。だから、今までこの思春期の怖ろしさに気づかずにすんでいたんです。ところが、子どもたちを守ってきた社会や学校や家族が変化して、今や「守り」の機能を果たさなくなってきているんですね。逆に圧力をかけるようになってしまっている。守られず、思春期というものを理解されず、圧力だけが高まっているのだから、本当に今の子どもたちはかわいそうです。

具体的に社会構造の変化から見ていきましょう。その昔は、こういった時期をうまく抜けていくために世の中にはいろんな仕掛けがありました。

例えば、若衆宿などがそうです。思春期の若者を親元から離して集め、そこで彼らは性のエネルギーを発散するし、思い切りパワーを解放した。でも、全体として社会のほうはちゃんと睨《にら》みを利《き》かせている。昔は無礼講のような無茶なことを体験しながら大人になって、家へ帰っていったんです。

近代になって日本は西洋の真似《まね》をしだしたんだけど、それでもまだ大家族的なものが残っていたし、兄弟が多いことで、上下関係の子どもたちの社会がありました。ある程度の仕掛けが働いていたんですね。

ところが今の日本では、思春期の子どもたちを守る装置を全部やめてしまった。やめるのは悪くはないし、やめることの必然性はあるんですが、やめた代わりにそれにふさわしいことを他に探し出していない。

特に一九七〇年代ぐらいから急に核家族化がすすんできました。親に金がある、暇もある。子どもの数も少ないから、親はいつも子どもに注意を払っている。昔の子どもは親に放りっぱなしにされていたから、親の知らないところで適当に悪いことをしていたもんです。大人になるためには、悪いことをするのもある程度必要なんですよ。今はそれができなくなってしまった。外側から見る限り、申し分なくよい子なんですが、こういった体験を経ずに急に思春期に入っていく。で、思春期になると爆発したりする。そのときに親はどうしたらいいか分からない。子どもは子どもで、誰も止めてくれないからますますおかしくなる。誰が悪いというわけじゃなくて、一般的にそうなんです。だから、今の子どもたちは余計に大変になっているんですよ。

次に、学校も勉強ができるか、できないかだけが基準になっていて、このような思春期の難しさを分かっていない。

昔はまだ今ほど子どもに対する圧力は強くありませんでした。高校の進学率だって半分くらいでしょう。だいたいみんな貧乏なんだから、大学に行く人間のほうが少なかった。みんな勉強しなくてはいけないとか、いい学校に入らなければいけないとか、そこまではいっていなかったわけです。今はもう日本中ほとんど同じ。勉強ができないのは、お前が悪いっていうことになる。

確かに価値観は多様化している。世代によっても、職業によっても価値観がいろいろあって、ありすぎて何が正しいのか分からない状態です。しかし多様化しているようでいて、ほんとはものすごく一様化してるんですね。その最大のものが「いい学校を出て、いい会社に入る」こと。学校でいえば、親も先生も成績だけでものを見ている。しかも日本人の特徴的な考え方として、努力したものは誰でも偉くなると思っているんですよ。そんなばかなことはないんですね、ほんとうは（笑）。

中学校に入って成績が悪いと、お前はだめだ、競争で負けてると言われる。子どもが怒るのは当たり前ですよ。そのときに、「お前は勉強しなくても、そのうちなんか面白いこと見つけるのやろな」と言ってあげられる大人がいないんですね。

ある意味でいうとアメリカとかヨーロッパのほうが日本より競争は激しいところがあります。が、激しいけれども、価値観が多様化してるから、そんなに簡単に自分はもうだめだなんて、子どもが思わないわけです。勉強しなくても面白い世界がいっぱいあるってことを知ってるんですね。一方、日本の親は「うちの子は何番」しかない。先生もそういう言い方をする。その前提には、どんな人間でも努力したら一番になれる。成績の悪いやつは努力していないという共通の認識があるんです。

こういった日本的人生観にとらわれすぎて、学校も親も子どもたちの本当の幸福とは何かを考えていないのです。

確かに、学校の先生のなかにも変えていこうと思ってる人がいます。でも、そういう人は保護者からものすごく評判悪い。何も教えてくれないって。

ある先生が子どもの個性を見つける面白いことをいろいろやっておられるんですよ。例えば先生の通信簿を作ったりする。生徒たちは大喜びです。

また、ある先生は子どもたちを島に連れていった。そこで、

「これは勉強とちがうんやからね。普通とぜんぜん違う友だち同士の姿が見えるはずや。みんな、自分のクラスの子にどんなええとこがあるか、よう見ててください」

と言った。

帰ったあとに、○○君はどういう良いとこがあったというのをみんなに書かせたんです。先生はこの○○君というのを、まとめなおしてみんなに返す。返してもらったらそこには自分のいいことばっかり書いてあるわけですね。しかも、それを誰が言ったかまで書いてある。子どもはものすごく喜ぶんです。仲間はずれになってるような子でも、みんないいところを見ているんですよ。それはやっぱり、勉強と関係ないからなんですね。

ところが、みんなそれを家へ持って帰ったんですが、どの親からも反応がない。これは先生、いいこと考えてくれたなと思ってくれる親がいないんです。うちの子は何

番でしょうかって、もうそれだけしかなかったんですね。

だから、よく文部省（編集部注・現在は文部科学省）が悪いとか、学校が悪いとかいうけど、そうではないと思います。日本人が悪いんですよ（笑）。これは我々全体の生き方が関わってきている問題なんです。

こういったことを七〇年代から必死になって言っているのですが、なかなかみんなの耳に届かないので、残念で仕方ありません。でも、僕は、もうそろそろ日本人も気がつきだしてるんじゃないかなと思ってるんです。子どもがよい大学へ入って、よいとこへ就職したって、親も子もべつに幸福じゃないですよね。そんなことよりも遊び回ってるけど、あとでお父さんお母さんのことを考えてくれるやつのほうがよっぽどいい。

こんなことがありました。兄は、超一流大学に入っている。一方、弟は勉強嫌い。初めから、俺は勉強嫌いやから高等学校でやめるって言っていた。その子は高等学校を出て、仕事して、どんどん頑張って、結婚した。親はものすごく喜んだんです。ところが兄は、大学のなかでうまく適応ができない。フラフラしていて、卒業も覚束《おぼつか》なくなった。兄にあまりにも適応性がないので、僕のところで治療することになったんです。子どもたちが小さいころは、兄さんは良い子、弟は悪い子だったんですが、逆転してしまった。これを見ていたある人がこう言いました。

「ほんとに先生、どっちが良い子か分かりまへんなあ」

みんな右へならえで通わせていますが、幼児教育にも腹が立って仕方ないですね。日本人は「私はこう生きます」となかなか言わない。すぐに「皆さんはどうしておられるか」と考える。その評価の基準ていうのは〝自分〟ではないんですね。「なんのかのいうたってうちはええ子やないか」と言えなくて、「なんのかんのいうてもうちは、みんなの中で何番やろ」って、それしかないわけです。幼稚園から教育したらみんなより点がいいのは当たり前です。でも、小学校一年二年三年で良い点を取ったいうことは、将来にほとんど結びついていない。それをみんな分からないんだなあ。

そういうふうに僕らが言うと、

「いや、先生、そんなこと言うたって、頭のええ人は、大学で頑張れるかも分からない。ところがうちの子はどうなるか分からんから」

と返ってくる。

結局親の不安を全部それで解消してるんです。

今から思うと身分制度なんて、ものすごくばかくさいものですが、面白いもので、ばかな制度でもどっかに良い面がある。身分制度は安心感を与えていたんですね。その中にいる限り変化はないわけですから、無用な競争をしなくてもいい。ところがそれをなくしたからには、今度は他人まかせじゃいけないんですよ。自分の判断で子どもを見ることが必要でしょう。が、日本人は昔から自分の判断というやつが苦手でね、相対的にものを見ることしかできない。しかも、突然成り金になってしまったから、今嬉《うれ》しくて仕方ない。金と暇を持っている今の親たちは子どもの幸福は親が全部作ってやらないいかん、ものに不自由させたらいかん、いい学校へ入れてやらないかん、それが幸せやと思っています。阿呆《あほ》な話ですよ。作らなければいけないものは、もっと別にあるんですから。

表層化する家族の危機

先生も大変です。子どもに知恵がついてきていますよね。

「僕らは先生殴ったって平気なんや。先生、僕ら殴ってみい。そんなン、教育委員会に言ったらイッペンやで」

と実際に言う子がいるんです。おまけに中学生くらいの子はパッとどっかで暴発して暴れだすと、自分で止められないんですね。止めるのが非常に難しい状況になる。そういうときに先生は、それこそ暴力は使えない。たまに力で対抗する人がいると、今度は先生のほうもむちゃくちゃになってしまう。そうするとほんとにどうしていいか分からないわけですよ。

子どもはいい先生を良く知っています。だから少しぐらい保護者が文句を言っても、先生が頑張っておられると、結局は親も認めてきます。「これだけ子どもが先生のことを好きやし、先生の言うことは聞くから」と。そういう先生は、勉強のできない子に対してもちゃんと一人の子どもとして接しているんです。

但《ただ》し誰かがガラスでも割りだして、集団的にウワッとやったときには、もう止められない。だから個々にある程度、ちょっとぐらい爆発させるように仕掛けを作ることが必要なんです。

最後に家庭ですが、それがまた難しくなってきている。本来ならば家庭というものが持っているはずの機能が弱くなってるのです。お父さんとお母さんと子どもとが、ほんとに楽しかった、いいなあと思える体験をするのが昔より減ってるんですね。

人間は金持ちになると便利にことが運ぶようにお金を使うものです。お金を使うことで、面倒くさいものを切り捨てていく。その結果、人間関係の面倒くささまでもが切り捨てられてしまうんです。家族間のゴタゴタや、親にとってエネルギーを消耗すると思われることはどんどん無くなっていく。それを僕は家族関係の「表層化」と言っているんです。今の親が悪いというわけではありません。物がたくさんあるようになると、感激は減るものなんです。

物がないときっていうのは、親がなにかポッとくれるだけですごく感激するでしょう。五月五日に、柏餅《かしわもち》食うだけでも嬉しい。だけど今、そんなことで心躍らせる子どもはいません。中には一緒にドライブに行って、帰りにドライブインで飯食ったりしているという人もいます。でも、おやじはいやいややってるわけだしね（笑）。ほんとはゴルフに行ったほうがいいなと思っている。それでは心なんて躍りません。

昔のおやじなんて、ほとんど子どもと遊ばなかったけれど、ときどきなにか持って帰ってきたというだけで、こんな偉いお父さんおらへんと思ったもんですよ（笑）。自然のうちに、生きていけるパターンがあったんですね。

だからといって、後戻りしろという気もないし、昔が良かったとも思いません。これだけ物が豊かになって、便利になったいうことはすばらしいことです。これをずっと続けていきたいのだったら、親としても考え直さにゃいかんということです。その家々で工夫がないともうだめなんですよ。うちの家は誕生日のとき以外はデコレーションケーキは買わないとか、憲法作っておいたらいい。それを決めるだけでもう子どもの感激は違ってくるものです。そうすると誕生日はものすごく待ち遠しいでしょ。

そういうふうにそれぞれの家で頑張っていかなければいけないんです。

困ったことに、他の家が全部与えてるのにうちの子だけ無いとかわいそうと考える親がいますが、子どもは分かっていたら怒らないですよ。僕が子どものとき玩具《おもちゃ》なんかほとんど買ってもらえなかった。それでも僕らは工夫してちゃんとやっていました。玩具を持っていないということに、子どもたちが誇りすら持っていました。

アメリカなんかはそこを知ってるから、子どもに厳しいんですね。金持ちの息子だからって、親に車を買ってもらうなんて、考えられません。金持ちの家の子でもアルバイトして車を買ったりしているんです。そうすると子どもたちは感激する。自分が稼いで買ったんですから。

今のように人工的に豊かになってしまって、家族関係も表層化してしまうと、昔のようにことは単純にはいきません。それを乗り越えるぐらいの心の感激をさせるように父親も母親も工夫しなければならないんですね。これはものすごく難しいですよ。

でも、こういった体験をちゃんとしたあとで思春期に入っていったら、少しぐらい爆発してももう大丈夫。ところがそこに至るまでの仕掛けをサボっててね、思春期で急にちゃんとやれといったってものすごく難しいのです。

日本の父性を創造せよ

父性を復権すれば問題が解決するという論調もありますが、これには疑問が残ります。社会の仕組みとしてあっただけで、もともと日本には復権すべき父性なんてなかったんですから。戦国時代は例外ですが、あれからずっとない。明治の父親は威厳があった、戦前のお父さんは立派だったというけれど、あれは父性として偉かったんじゃない。父親を偉く思わせるような仕組みが世の中にあったというだけでね。むしろ個人としての父親は、日本国全体に奉仕する存在だった。つまり、日本社会の母性原理を補強する役割を果たしていたわけです。だから復権じゃなくて父性は創造すべきだと僕は言ってるんです。

何故《なぜ》、父性を創造することが必要なのか。

私の言う父性とは「個」というものを大切にする性で、母性は「包み込む」性だと考えてください。母親は「みんな一緒にやりましょう」「みんな同じに」ということを大事にします。これに対して、父性は「これとこれは違う」といった「個」の厳しさを持っている。

日本は心理的には母性優位の国で、欧米の父性優位と対照的な社会構造になっています。個人の個性や自己主張を尊重するより、場の調和を重視するというのは、まさに母性原理が強いからに他なりません。

ところが、西洋と付き合うようになった結果、「個」としての強さを日本人の心のなかに求めようとする気持ちが、若い人のなかに出てきています。そういった若者たちは大人に「あなたは一体、どう思って生きているんだ」と、どんどん問い詰めてきます。ところが、それに答えてくれる父親がいない。日本のような母性原理でやってきた国では、「私はこう思う」ということがなかなかできないんですね。でも、子どもたちからすれば、それをいちばん聞きたいわけなんです。個としての父親を望んでいるんですよ。ですから、うちの家はこうするんだと、一つずつ夫婦で考えていかなければならないのと同時に、西洋的ではない、日本人の父性を創造していかなければならないといっているんです。

アメリカの場合は、むしろこっちの逆で、父性原理が強すぎて、それを補償する母性原理が弱いから、時々、途方もないことが起こったりします。日本の場合は母性原理でワーッと来て、それを補償する父性原理がない。だけど現象はすごく似ているんです。父性原理だけの競争の中では、弱いものはすごく惨《みじ》めですね。どんどん、どんどん、底辺に追いやられていく。そうすると、何かやるときはものすごく残虐《ざんぎゃく》なことをやる。母性原理が強い場合は、あんまり個性的に生きないでいようと思う人にとっては楽なんですが、ちょっと自分の個性があったりすると、ギュッとつぶされる。その圧力に反発して、神戸連続児童殺傷事件のようなことも起きてくるわけです。

日本人全体の問題

昔は父親とか母親の役割なんてものは、考える必要がありませんでした。そうでしょう。大家族制の中で、いわゆる父親役というのは長老がやってくれるわけですから、自分の子どものこと忘れて、お父さんもお母さんも働いていればよかった。ほうっておいても、家全体として父親役、母親役はいるわけです。そういうやり方で上手《うま》くいっていたものを、急に核家族になりたいと言いだした。それなら、みんなで分け持ってたやつを全部取り返して、個人がやらなくてはいけないわけでしょう。それをサボっている。うまくいくはずがないですよ。

核家族を選んだわけだから、その選んだことの意義を考えなければいけないんです。好きなことをするいうことはものすごく大変なんです。でも、ちゃんとした認識を持って親が生きていたら、それは子どもに伝わるはずです。またそれだけ子どもをちゃんと躾《しつ》けなければいけないんですけれどね。

これだけモノがたくさんあって、これだけ便利な社会なんていまだかつてありませんでした。その意味でいうと日本人は未曾有《みぞう》の達成を行った。すばらしいことをやってきたんです。だったら、今度はすばらしい考え方で、家庭とか教育とかを変えていけばいい。

僕はよく言うんです。「問題児」というのは、困ったもんやけど、実は我々に「問題」を提起していると考えたらいい。

なにか問題が起こってきたということは、考え直せということだと思ったら間違いありません。失敗したと思うんじゃなくて、そこで考え直してくれたら変わります。あとからでも気がついてがんばった人は、マイナスを取り返しますよ。「子どもがこうなってくれたおかげでわれわれも分かりました」と親も救われる。いいことがあったら悪いこともある、悪いことがあったらいいことがあるというのが、僕の考え方なんです。

（「文藝春秋」一九九七年十月号、「『父性の復権』などできない」改題）

生きる力を育てる

「生きる力」について

教育において、子どもたちの「生きる力」を育てることの重要性が強調されるようになった。しかし、考えてみると、人間誰しも「生きる力」を持っているはずで、そんなことをわざわざ言いたてることもあるまいと思われる。このようなことを強調しなくてはならなくなったのは、やはり日本の現在の家庭や社会などの状況のためであることを最初にまず認識しなくてはならない。

このことを実感するためには、開発途上国に行くとよい。全く食物がなくて飢餓状態のところは別として、少しぐらい貧しくとも、子どもたちが実に生き生きとした表情をしていることに気づくだろう。そこには、子どもの自殺も拒食症も起こらない。

文明国は、文明によって便利になり快適になっているようだが、それを維持するための努力をしなくてはならない。文明というものがどうしても「自然」から切れていく性質をもっているので、下手な努力をすると、人間が自然にもっている「生きる力」を見失うことになる。特に、日本はどうしても欧米先進国を追いかける立場にあったので、既にある知識や技術をできるだけ早く吸収することに力を入れてきた。近代文明の上澄みをすくいあげて自分のものにするのに熱心になっているうちに、だんだんと根が切れてきて、本来あるはずの「生きる力」が弱くなってきた。その点について、このあたりでよく反省してみる必要が生じてきたと思われる。

これは、これまでの日本の教育（特に初等教育）が失敗したというのではなく、むしろ、日本の敗戦から僅《わず》か五十年の間にここまで立ち上がり、先進国の仲間に入るという点では、大いに成功してきたとさえ言える。しかし、日本が「経済大国」などと言われるようになった現在では、これまでの教育方針を大いに転換しなくてはならなくなった。

これまでは、できるだけ皆がそろって、全体の平均値をあげる努力をしてきた。しかし、それはどうしても画一的にならざるを得ない。子どもたちの個々の人間としての在り方を無視して、画一的な受験勉強を強制したり、知識の量によって子どもの価値を一様に測ったりするようなことが生じてきた。このようになると、子どもに対する圧力が強くなりすぎて、たとえば、いじめとか不登校などの問題が多発するようになった。

だからと言って、子どもをまったく放任する方がよいとか、鍛えない方がよいというのではない。「生きる力」を失わせるような指導や教育が問題だというのである。個性を殺すのではなく、個性を生かす教育が必要なのである。このように言っても、実際に実行するのは大変である。日本の教師や親は「教育」や「指導」という名によって、子どもの個性を殺すことをしてきたのではないか、と自分のことをよく反省するべきである。

「育てる」こと、「育つ」こと

子どもを「育てる」と言う。しかし、本来は子どもが「育つ」という面もあることを忘れてはならない。特に個性とか、生きる力などというと自ら育ってくるところが大きいのである。しかし、「育つ」と言っても、まったく棄《す》てておいて、育つはずはない。育つための基盤がいる。土壌と言ってもいいし、器と言ってもいい。

生きる力が育っていくための「土壌」として親や教師が存在する。このことを具体的に言うと、「安心して好きなことができる」環境ということになろう。「あの先生が居てくれる」、というだけで、子どもたちが心をはずませて好きなことができる。そのなかで、子どもたちの生きる力は、まちがいなく育ってくる。

このような親や教師になるためには、自分自身が自分の個性を生きていることが必要である。「親であること」、「教師であること」に対して、自分の個性とのからみ合いのなかで、どれほどの楽しみを見い出しているだろうか。「楽しい」というのは、生きる力がはたらいているときである。ほんとうに楽しむためには、自分が生かされていないと駄目である。それができていてはじめて、子どもの生きる力を育てる土壌になれるのである。

画一的な指導をするのは簡単だが、子どもの一人一人を生かすことを考えはじめると、それなりの工夫がいる。しかし、そのような工夫が実ってこそ、親としても教師としても、ほんとうに楽しいのではなかろうか。

少し例をあげてみよう。ある小学校の先生は、学級の子どもの誕生会をホーム・ルームの時間にすることにした。それはごく短時間である。しかし、お祝いの係になった児童は、その日の朝早く行って、黒板に、「○○さん、誕生日おめでとう」と書くだけではなく、いろいろな「プレゼント」をする。と言っても、品物を買うのではなく、黒板に描く（あるいは、書く）のである。大きいデコレーションケーキを描く子もある。「この前の算数の時間、よくやったね」などと文章を書く子もいる。それぞれの子どもが工夫して書くところがいい。誕生日は、一年に一度誰にも訪れるので、平等なところもいい。こうして、一銭のお金を使うこともなく、子どもの一人一人が楽しい経験をすることができるのである。

楽しいときには、生きる力がはたらくと言っても、楽しいことだけが長続きすることはない。楽しみには苦しみが伴う。勉強にしろ、スポーツにしろ、それを深く楽しむためには、それにふさわしい苦労が必要である。従って、楽しみのなかに苦しみがまじってくるのは当然である。ところが、日本では、苦しめば苦しむほどいい、という非常に単純な考えがあり、これはスポーツの指導の際の、いわゆる「しごき」となってくる。これは下手をすると、個性を壊すことに終わってしまうことになる。スポーツの指導において、欧米においては、効果的に集中した練習をするのに対して、日本ではただ長時間にわたり苦しめるだけの練習をすることがある。その結果、日本の選手が強くなるのではないことは、オリンピックの結果をみるとよくわかる。

これからの日本では、課外活動の指導においても、個性を大切にし、効果的に時間を利用することを考えねばならない。部活動などで、毎日長時間の練習をしているのなどは、もっと改める工夫をしてもいいだろう。

これまでは、与えられた知識をできるだけ多く、早く吸収することに重点がおかれすぎてきた。また、入学試験の問題もそのような能力を測定することを中心にし過ぎた。今後は、このような点を改めることが必要であろう。自分自身の固有の考え方、感じ方を持ち、それを他人に通じるように表現すること、に対してもっと高い評価を与えるべきであろう。入学問題に関しては、中学・高校、高校・大学などが共に参加する研究会でもつくって検討してみてはどうであろう。

生きる力を育てる、ということは、知識の吸収のように目に見えたり測定したりすることが難しい。従って、せっかちな親からは評価されない。しかし、結局は子どもの幸福のためには大切であることを、教師、保護者、地域社会の人たちが互いに協力し合って認識を高める努力を払うべきである、と思われる。

悪の意味

前回は「生きる力」について、やや一般的で理論的なことを書いたので、今回はもっと具体的なことを書いてみよう。最近、『子どもと悪』（岩波書店）という書物の執筆を終了し、校正をしていたが、これこそ「生きる力」の具体例だと思い当たった。端的に言えば、子どもの「生きる力」は、悪の形を取ってあらわれてきやすいのである。

簡単な例をあげよう。幼稚園で、まったく話をしない誰からも孤立している子がいた。いつもひとりでぽつんとしている。ところが、その子が、ある特定の子に近寄ってきて、腕をつねった。つねられた子は、もちろん、すぐに逃げてしまったが、しばらくすると、またつねりに来る。このとき、自分が幼稚園の先生だったら、どう考え、どう対処するだろうか。実は、これは、今まで孤立していた子の、「親しくしたい」という気持のあらわれなのである。残念ながら、この子は自分の感情をうまく表現できない。そこで、つねると、つねられた子は「痛い」と言って自分の方を見たりして、ともかく関係ができるので、こんなことをする。もちろん、つねりに行くのは、その子が好きだからである。

　他人をつねることは悪いことだ。しかし、この場合、一人ぼっちだった子が他の子と親しくしたいという願い――「生きる力」のあらわれ――としてそれをしている。だからと言って、この子が人をつねるのをほめるわけにはいかない。その行為をとめるにしろ、そのときに先生が、これまでは大人しかったのにいじわるい子になった、と考えるのと、他の子と友人になりたいと思うようになった、と受けとめるのでは、その接し方が変わってくるだろう。

　もう一つ例をあげよう。ある小学校の上級生のクラスで学級費を集め、教師はそれを自分の机の引出しに入れたままにしていた。ところが、後から計算してみると千円足りない。まさかと思ったが、念のために子どもたちにも引出しを空《あ》けさせると、ある子の机から千円札が出てきて、その子がすぐに自分が盗《と》ったと言った。

あまりにあっけなく犯人がわかったが、教師としては、すぐに見つかるような盗みをその子がなぜしたのか、と考えた。千円札くらいどこにでも隠せるはずだ。これはひょっとして、自分と一対一で会いたいということではないかと思い、放課後に目立たないところで会い、ゆっくりと話を聞くと、その子は、誰にも言えない家庭の問題で大変悩んでいることを打ちあけてくれた。もちろん、その後、教師はその問題の解決に努力することになる。

この場合、悪は「助けを呼ぶ」サインになっている。家庭の問題で困り果てているとき、「生きる力」の方は弱まってしまうが、何とか助けが欲しいとばかり、先生と一対一で会う状況をつくる。先生に助けて欲しかったらそう言えばいいじゃないか、などという人は、ここまで追いつめられている子どものほんとうの苦しみのわからぬ人である。追いつめられて、ギリギリのところで助けを呼んでいるのだ。

悪が親や教師に対する「警告」の意味をもっているときがある。子どもが何か悪いことをして、それを叱責《しっせき》しているうちに、大人の方に反省すべき点があることがわかってくるときがある。もちろん、子どもはそのような明確な意図で悪をするわけではない。子どものなかで動き出した「生きる力」が何とか活路を求めて、そのような行為を生み出してくるのである。

悪をどう受けとめるか

悪は自立のはじまり、という考え方もある。子どもたちは自立して行かねばならない。本来の自立の過程の間に、子どもは何らかの形で大人に対して反抗し、ノーと叫ぶときがある。これを経過して後に、自分も大人となって、大人の世界を理解できるようになるのだが、ともかく一度は何らかの形で反発しなくてはならない。その時に悪がかかわってくる。

中学・高校生で、がむしゃらに教師に突きかかってきたり、校則をすぐに破ったりする生徒たちは、上記のようなことが心の中にはたらいているからである。ところが、ここに述べたようなことを生半可に知っている親や教師で、あれは自立のためにやっているのだから放っておけばよい、と考える人がある。これは大変な誤りである。子どもたちは大人にぶつかってこそ成長の契機が得られるのである。

ある中学校で、教師に対する暴力をふるった生徒がいた。生徒指導係の先生が呼びつけて注意すると、その生徒は「あの先生は、ボクが悪いことをしていても注意しないから、腹が立ってなぐった」と言った。そのことを、その先生に告げたので、次に、例の生徒が悪いことをしているときに注意をすると、「偉そうなことを言うな」とまたなぐりかかってきた。これじゃどうしたらいいのかわからない、というのがその教師の嘆きであった。

この問題の大切なところは、なぐられた教師の主体性がなさすぎるところにある。最初は見て見ぬふり。次は生徒に言われたので、「それじゃ注意してみようか」と、あまりに安易である。この教師自身がどのような姿勢で人生を生きようとしているのか見えてこない。教師の「生きる力」が涸渇《こかつ》してしまっている。生徒の「生きる力」が悪の形であらわれてくるとき、教師の「生きる力」が、それを正面から受けとめねばならない。

と言っても、ただ叱責するのや取り締まるのがよい、というのではない。先に述べたような「悪の意味」について、よく理解することも必要である。さもなければ、せっかく子どもの「生きる力」が芽生えかかっているのに、それをむしり取ってしまうことになるだろう。

理解しつつ正面から受けて立とうとするのだから、これは実に難しいことである。そこで、次のような態度を取る教師も出てくる。たとえば反抗してくる生徒に対して、

「君の気持はよくわかる。しかし、中学生なんだから校則は守らないとね」などと話しかける。このようなことをして、「わかったようなカッコーをするな」と怒鳴られた先生もある。

これはまさに子どもの言うとおり、「わかったようなふりをする」、あるいは、「わけ知り」の形をとることによって自分のエネルギーの節約をはかる、というところに問題があるようだ。子どもは精一杯ぶち当たってきている。それに対して、教師は上手に身をかわしている。あるいは、「わけ知り」という壁に守られて、自分の姿を隠してしまっている。生徒たちが一番欲しいのは、教師自身の「生きる力」である。それがどのようにあらわれてくるかを知りたくて、彼らは「悪」をしているとも考えられる。

「生きる力を育てる」というのは大変なことである。ハンパなことではできない。しかし、子どもたちに囲まれて、一所懸命に対応していると、自分の「生きる力」がだんだんと強くなってきているのに気づくことだろう。

「生きる力」は使えば使うほど強くなるようなところがある。それがわかると、教師としての生き甲斐《がい》も生じてくると思われる。

（「兵庫教育」一九九七年四月号、五月号）

学ぶ力を育てる

「子どもの学ぶ力を育てる」という題でお話をしたいと思います。今日は図書係の方が多いようです。なるべくそれと関係するようなお話をしようと思います。私は、講演はなるべくお断りするようにしております。というのは、私の本職は一対一の人間関係で、個人を大切にしております。一人の人を相手にすることは大変で、あたりまえのことですが、みんな一人一人違います。ある人に通じたからこちらの人に通じる、そんなに簡単にはいかない。ですから、講演をするということはなかなか危険なことで、たくさんの人に通じる話をしていますと、そういうパターンが身について、一人の人に会うことがすごく難しくなります。それに気がつきまして、講演するとしても演題を考えないことにしているんです。それで今日もこんな題で話をするのかなあと思って上がってきました。

「学ぶ力を育てる」ということ

「育てる」ということはほんとうにいい言葉ですね。私はつねづね言っていることですが、「教育」とは「教」と「育」という字からなっていますが、どうも、教えることが好きな人が多すぎるのではないでしょうか。ほんとうは、子どもに教えたり、子どもを育てる、この両方が要るわけです。ところが、皆さん、教師、教師といわれますね。しかし、「育師」といわれる方は聞きませんね。私は「育師」のつもりでおります。どうしても「本を読んだほうがいいよ」と教えたくなるんですね。皆さんも現場で苦労されていると思います。なかなか読みませんね。だいたい言っている先生のほうが読まれない。では、教育の「育」をするとはどういうことでしょうか。

さきほども触れましたが、個人というのは一人一人違うと思うと、そんなに教えられない。皆さん、個性、個性とやかましく言いますが、個性って教えることができませんね。その子がそれしかできない、というのは教えようがない。但《ただ》し、何でも人と違っていたら個性ではなくて、そこが人間の面白いところで、個性を育てていくためにはいろんなことを知っていないとだめですね。皆さん、教師ですけれども、自分は教育者なんだから「教」のほうもやるかわりに「育」のほうもやろうと考えてくださったらいいと思います。

私は、「育師」だといいました。ですから教えることはほんとうに少ないです。勉強しない子がやってきたときに、その子が勉強する、学ぶような子どもにどう育っていくか、ということを考えます。どうするのか、結論は簡単で何もしないということです。でも、これほどむつかしいことはないんです。

例をあげたらわかりやすいと思います。学ぶ、ということでいいますと、今までよく勉強していたのに、勉強できなくなって私のところにきた子がいます。お母さんに聞くと、いろんなことが気になって勉強していても、まだほかにあるような気がしてなかなか眠れない。小学校四年生ぐらいの頃にこんなふうになる子はわりといます。

皆さんは図書のことをやっておられますから、児童文学の本を読んでおられる人が多いと思います。児童文学の主人公で十歳ぐらいの子は非常に多い。これは一つの変わり目なんです。それまで全然、本を読まなかった子で突然、本を読み出すという子が必ずいます。また、私という人間が「この世にたった一人しかいない」ということを意識するのも十歳前後です。ものすごく寂しくなる、孤独になる、急に不安を感じる子がわりといます。何かに頼りたくなり、この年頃に本を読み出す子がいます。そういうお子さんが見えたら大いに歓迎してあげてください。

ばい菌が怖くて三十分も手を洗っている。蛇口が気になって蛇口を洗う。雑巾《ぞうきん》が汚い。全部一つ一つ引っ掛かる。だから、いままで勉強が好きだった子が、ほとんど勉強ができなくなって私の所へきました。我々の仕事は、そんな子どもがきてもすることはたった一つです。「遊ぼう」というだけです。どんな子がきても「なんでもええから遊んでもええよ」といいます。でも、なんにも遊んでくれないですね。だんだん腹がたってきて「こら、遊べ」とか怒ってもしょうがない。なんといっても、その子が自分で遊ばなければいけない。つまり、その子の自主性を尊重することから、学ぶ力が出てくるんです。だから、個人とか個性とか言うまえに、すごく大事なことは、その子の自主性を尊ぶこと。子どもの自主性を尊んではじめて遊ぼう、といってくる。これはよほど訓練しないとなかなか出来ません。子どもはものすごく鋭敏ですから、こちらの心の動きが通じるわけです。その子が何もしないときは、こっちも「ああ、何もせんなぁ」とおもってボヤッとしていることです。だいぶ訓練が要ります。その子がこの大人の人はどうも大丈夫らしいと思うと、だんだん心が動きはじめます。残念ながら一回遊んでよくなる子は滅多にいません。十五、六回も遊んだらだんだん元気になってきます。皆さんよく言われるんですが「先生、あの子にどんなことを言って聞かせましたか」「どういう指導をなさったんですか」と聞かれます。しかし、何も聞かせていません。何も指導しておりません。これが大事なんです。指導しない。言って聞かさない。何もしない。しかし、居るということ、これが出来たらもう最高なんです。だから、皆さん図書室におられて、なんかしらんけど、あの先生がおったら行きたくなる、というのが最高なんです。そういうものをどうして身につけていくのか。これはやっぱり訓練だと思います。

教師としてワッ、と言いたいときに、まあ三秒待つことですね。ちょっと待ってみると、待っているときに面白いことがあるんですよ。喧嘩《けんか》が始まっても「あー、やってるな」と止めないで見ていないとだめなんです。「仲良くしなさい」「やめなさい」と「止めようか、止めまいか」「もうちょっと様子をみるか」とものすごく心のなかは動くんだけど、外見はほとんどなにも動いていない。これがすごい先生なんです。そういう先生になるか、なにかいつも良いことを教えているという先生になるか、そこが大事なところです。そのとき、訓練としてちょっと待ってみる。待つだけではだめです。待って見てますと「案外やってるわ」とか「あっ、こんな解決してるわ」と見えてくる。そういうことを覚えると、次は対処の仕方も見えてくる。

大事なことは、いろんなことを頑張って走り回っている先生が良い先生じゃなくて、子どもは動いているが、自分はむしろ、心は動いているけれども、外見はあまり動かずに見る、というほうにいっているだろうか、今日はどのくらいできただろうか、というようなことを考えることです。考えているとできるようになってきます。そして、あのとき待ってよかったという体験を積み上げていくことです。

自主性を育てる工夫

教師というものは何もしないほうがいいんだ、と誤解しないでください。みんなに動きをどの程度に与えるかです。しかし、あまり与えてはならない。自主性を育てる工夫を、自分はどのくらいやっているかをも考えてほしいと思います。

本を読むということで、一つ例をあげてお話しします。

三重県の四日市に、子どもの本だけを売っている「メリーゴーランド」という本屋さんがあります。児童図書だけで漫画は売っていません。その本屋さんと協力している幼稚園があります。遠足にその本屋さんにくるんです。園児たちは、絵本を見たり、おもちゃもありますから遊んだり、好きなようにしている。そして、近くの森へ行って弁当を食べて、帰りに欲しい本を買う。子どもたちは自分が買った本はものすごく大事に読むし、友達にも「この本読め」とか教えあうそうです。それで、だんだん本を好きになる子が増えてきたそうです。強制力はなくて、自然に本は結構面白いということが起こってくる。

その本屋さんがやっているもう一つ面白いことは、中学校で図書の本の選定を生徒に任せていることです。講堂に中学生が読んだら面白そうな本を持っていって、本をゴザのうえに並べる。そこへ中学生がやってきて、好きな本を読んだり、パラパラ眺めたりする。そして自分たちで選んだ本を図書館に入れてもらうという方法をとっています。自分が推薦した本はだれかに読んでほしいから、友達にも教える。先生が読めといっても読まない子も、友達が読めといったら読むんだそうです。図書の利用率はすごく高くなるそうです。

自主性を尊重するなかから、その子が好きな本を選ぶということをする。これは皆さん参考になさったらどうでしょう。本を選ぶということは、すごく難しい。子どもは自分の判断が尊重されていると思うと、なかなかちゃんとやるものです。

本を読む環境

子どもが本を読む環境をどう作るか、ということはなかなか難しい。今の子は本がいっぱいあるのに読まない子が多い。「どうしてですか」と相談にこられる方がありました。自分は読みたいのに読めなかった。だから自分の子には苦労させたくない、というので、たくさん本を買ってきて並べておいて、好きな本を読みなさい、というんだけれど全然読まない、と。しかし、与えられて読め、といわれるとまあ読みませんね。それよりも、子どもが読みたいと思ったときに読むというのがすごく大事です。

私は自分の子どもに全集というものを買ってやったことはありません。読み出して、ちょっと本好きになってきたら、子どもと一緒に本屋さんに行くんです。予算は千五百円までと決めて「一時間後に集合、それまで買いたい本を決めてきなさい」といってばらばらになる。そうして買って帰る。そうするとやっぱり読みますね。読んだら次にこれを読みたいと必ずいいます。そのときにすぐ買ってやらないことが大事です。兄ちゃんの誕生日にとか、今度のクリスマスにとか決めておくんです。そのときになったら行くんですけど、見ているうちに気が変わってきたり、二千円のが欲しくなったりして兄弟同士で交渉したり、調整したりする。そういう苦労して買って帰ることがすごく大事じゃないでしょうか。そうして集めていったんです。

はじめから読めといわれると、読むはずがないと思う。これは先生方ではなく、お父さん、お母さんにいっているんですが、もし子どもに本を読ませたいと思うんだったら、まず、お父さんとお母さんが読んで「これは面白い、ぜったい面白い、子どもに読まさんほうがいい」と、本棚に鍵《かぎ》をかけておいて読めないようにしておく。ふと、鍵をかけ忘れて外出したら、子どもはぜったい読んでいるはずです。面白いということが分かってくると、あとはわりと楽です。

「面白い」と思う本を持つ

はじめに本というものは結構面白い、ということをどうして分からせるか、冗談的にいいましたが、結局、親とかがやっぱり本は面白いということがなかったら話になりません。だから皆さん教師として、図書の係として、本当に面白い本を持っておられるかどうか、です。面白いとためになるというのとでは、なんといっても面白いというのが先です。自分が好きで、面白くてたまらんという本があったら、子どもに読んで聞かせればいいんです。読んで聞かせてもらったその本がおもしろかったので、本を読み始めたという話はわりとあります。

親の気持ちが面白い、先生の気持ちが面白いというのはどういうことかというと、その人がわくわくしている。その人の体が入っていないと面白いといえない。自分が面白いというのは、読むなかでその人が生きているわけです。だから、本を読んでいる人は、生きていないとだめです。そういう本があって読むと、これは子どもに伝わるはずです。幼稚園なんかで先生が、絵本を広げて横から読みながら子どもに見せてめくっておられる。そうすると、子どもたちは本当に生き生きした目で絵本を見ている。皆さんもぜひやってみてください。幼稚園だけじゃないんです。小学校二年でも三年でも、休み時間とか、昼の時間とかに「先生、この本、好きで好きでかなわんから、読むから聞いてね」といって読まれたら、結構、子どもは聞いていると思います。

本を読むということで、思い出すことが二つあります。

一つは、子安美知子さんという方がおられます。ミヒャエル・エンデの本を訳された方です。子どもが非常に好きで、自分の姪御《めいご》さんの誕生日に読んであげようと思って、絵本を持っていかれた。そのときに遊びにきていた子がいたんですね。姪御さんが「おばちゃん、読んで」というから、二人の子を座らせて読み始めたら、遊びにきていた子が「そんなん私、知ってる」とか「どうせやっつけるんでしょう」と嫌味なことをいう。絵本、読んでも聞いてない。よそへいきゃあいいのにと思うけど、ともかく全部、読み終わったら、聞いてなかったと思った子が「おばちゃん、もう一回読んで」というんです。びっくりして、せっかくいうんだからと、もう一回読もうと思って本を開くと「おばちゃん、今度は私に読んでね」といったんです。子安さんは、ドキッとしたというんです。子どもは敏感になんでも感じているのです。しかし、子安さんがだめだったら、その子はもう一回読んでとはいいません。私の気持ちが伝わるおばさんだということが分かる人、そういう人だからそういうことが起こったんです。私は子安さんがすごい人だということをいいたいんです。

我々大人は常にそういう失敗をしているんですが、その失敗に対して何かいえる窓口が開いているか、これは、教師をしていると注意しなくてはならないですね。大人のいうことは間違いないようで、間違っていることが多いんです。子どもの信号に対して心が開いていないんです。我々が嫌な子と思っているときに、実は他のことが起こっているのです。

その典型的な例を一つ紹介します。ある幼稚園の先生が、本を開いて読んでおられた。子どもたちの顔も本当にいい顔をしている。参観日で、お母さんたちも喜んでくれると思って、読んでいたんです。いよいよ、クライマックスというところにきたとき、ある子が「おしっこ」といったんです。連れていって戻ってきたら、みんなバァーとそこらへ行ってしまって、せっかくの見せ場がなくなってしまった。その先生がどういわれたと思いますか。「いちばん悪かったのは、私が天狗《てんぐ》になってたからだ」と。要するに、子どもたちを完全に掌握できる、いいところを親に見せようとされる。そうするともう普通のときと違ってるんです。先生が天狗になっていると、先生と子どもの心が切れていくんです。ちょっと不安のある子とか、先生にいちばん近くで抱いていて欲しいような子とか、そういう子はもう先生が違う人間になっていくんです。すごい不安になります。「先生、天狗ですから反省してください」って、子どもは言葉では絶対いえないけど、何やらおかしいということだけは分かるんです。

だから、子どもというのは先生とのつながりというものをすごく大事にしているんです。今日の先生は普段と違うとか、誰に本を読んでいるか、ちゃんとわかっているんです。その点、大人はそこまで気がつきません。だから、先生が「本を読みなさい、本を読むことは大切ですよ」といっても、その本を先生は本当に好きなのかということは、子どもに伝わると思っていい。間違いないです。

子どもの心が動く工夫

「面白いなぁ」ということが分かりだすと、皆さんのいう指導もできてくると思うんです。最初の動きが大事なんです。下手に工夫し過ぎると自主性を壊してしまう。さきほどの幼稚園の先生のように「よし、お母さんがたをびっくりさせてやろう」と思った途端に失敗してしまう。

高等学校の国語の先生で、作文を書くことを進められたお話を伺ったことがあります。だいたい日本の高校生は作文が嫌いという子が多いですね。中学生もそうじゃないでしょうか。その先生は、子どもたち自身が、作文ってけっこう面白いな、ということにならなかったら、ほんとうに指導していることにならないのではないか、と。そこで先生は生徒に「ほんとうに嫌いそうやから、どんなに作文が嫌いか、お互いにはなしたらどうか」と提案したそうです。そして「授業中だから、声にださんと筆談で。但《ただ》し、方言まるだしでよろしい」と。みんな一対一になり、二人で作文に関する恨み・つらみについて話をした。

しばらく経《た》った頃、先生が「あんたら、えらい書いているけど、読んでもええか」って聞くと「かまへん」というんで、みんなの前で読むんです。みんな面白いから大喜びする。そこで先生が「これ、ちょっと面白いから、一般の高校生にも分かるようにしようと思ったらどうしたらええんやろうか」といって、みんなで作文直していくんです。最後にはちゃんとした作文ができあがる。つまり「作文は嫌いだ」という作文になっている。その一年後には、みんな原稿用紙に二十枚とか、それぐらいの作文を書くようになったそうです。自主性、個性ということを言いましたが、その生徒たちのほんとうの気持ちがワーッと出てくる。これがものすごく大事なんです。

この先生が会話から始められた、ということがすごくうまいと思うんです。もう一つ、方言を使っていいと言われたのはなかなかたいしたもんだと思います。私も方言で喋《しゃべ》ってますが、標準語というのは喋れないんですね。初めてテレビに出たとき、四十五分間標準語でやりぬきまして、終わってホッとしてたら「いやぁ、先生の関西弁はよろしいですネ」と言われて、それから標準語で言う元気がなくなったんです。

私は、いろんな授業の研究をしたことがあって、授業シリーズの本を出したことがあります。子どもが前へ出て発表したりしますね。前へ出ると標準語で言わなければなりませんね。前で言うてるときは能面のような顔しとるわけですよ。それで降りていくとき、友達とこ突きあいしながら席へ戻るときは、パッと顔が変わるんです。生き生きとした感情が出てくる。何でも標準語でというのは考えもんだと思いました。壇の上に立った途端に自分の気持ちを殺してしまうんですね。そうすると言葉が宙に浮いてしまって、聞いてる方も聞いていない、ということが起こりがちです。これをどういうふうにして避けることができるのか、ということはすごく研究に値するなと私は思ってます。本の感想を言い合うときも、今日は方言でやろうというふうに決めてしまう、というのは面白いんじゃないでしょうか。本を読んで心が動いているわけだから、動いている心というのを伝えないといけない、どんなふうにして出来るんだろうっていうことを考えて欲しいと思います。

先生の工夫ということですっごく感心したことがあります。滋賀県の小学校の先生の例です。みんなの使う下水の水が、いったいどういうふうに琵琶湖《びわこ》へ流れていくのか、それをみんなで調べよう、と。一年生から六年生まで地区ごとに調べようというときに、「下水調査」と言わないで「みぞっこ探検」という名前になっているんですね。「下水調査」をするというのと全然違うんですね。みんなすごく乗り気になるんです。この溝はどこへいっているんだろう。みぞっこというのは、下へ入ったら見えなくなったりするでしょう。それがどこへ出てくるか、みんなして探す。そうすると、おじいさんとかおばあさんが出てきて、小学生のやることを見ている。「前はここは小川だったんや」とか「ここは洗濯場やった」「むかしはきれいやった」、そういう話を全部書いていく。そうすると、おじいさん、おばあさんが協力しだすんです。町の人が「みぞっこ探検」に入ってきたりする。どんどん調べていくうちに、いま、何でこんなに汚くなっているのか、というふうに問題意識が高まっていく。琵琶湖の研究所があって、困ったら研究所へいって聞きなさいよ、とアドバイスを受けたりする。先生方と琵琶湖研究所の人も組んでるんです。研究所の方もいろいろアイディアを言われる。学者の人と小学生が協力して調査をしているんです。

小学校一年生と六年生の子では問題意識が違うから、それなりにいろんなことを考えて調べている。そして、やっているうちに、面白い標語が出てきたんです。「たんけん・はっけん・ほっとけん」というんです。これはすごくうまいですね。

　私が言っている工夫というのは、何か子どもの心が動く、そういう「あっ、うん」という心が動く、そこから次に本を読もうというところへいくんです。それに対しての工夫です。引っ張りあげるんじゃないんです。これやりなさい、あれやりなさいと引っ張ったり、押さえたりするんじゃなくて、みなさんの工夫によって、子どもの身体《からだ》とか心とかは動き出す。それをどうして助けるかということだと思います。

　もう一つ大事なのは、ほんとうに自分は子どもを見ているだろうか、ということです。なかなか子どもを見ていないんです。その子を見ているんじゃなくて「あの子は出来る子です。あの子はしょうがないんです」とか何か名前がついてしまっているんです。「あれは非行ばっかりしています」とか。非行ばっかりしている子ってめったにいません。それを取っ払って、一人一人の子どもを見ていたら、先生方が「たんけん・はっけん・ほっとけん」になると思います。

　ある中学校で、女の子の髪の毛の長さが決まっていたところがあるのです。それを撤廃したんです。しばらく経って、ある先生に「自由にして、何か変わりましたか」と伺いましたら「子どもの顔を見るようになりました」と。それまでは、髪の毛ばかり見ていたというんです。どんな顔で、にこにこしているか、怒っとるか、それを見ていない。子ども一人一人を見ていないんです。これがわれわれ教師の非常に情けないところで、子どものために一生懸命にやっているんだけれども、勝手にこっちが固くなってしまう。一人一人の子どもが個性を持って生きようとしているのに、何かの入れ物に入れてみたり、何かのカテゴリーに決めてしまったりしている。あの子は本を読む子だとか、あんな子に読ましても仕方ないとか、勝手に決めている。そうじゃなくて、一人一人をゆっくり見ていたら、その子の顔が見えてくる。そういうことを尊重すれば、一人一人の子どもが自分の好きな、自分のやりたいというそこから、こういう本を読もうとか、こういう本のなかからこれを発見したということが出てくるんじゃないかと思います。

（第19回北信越地区学校図書館研究大会・第24回富山県学校図書館研究大会での記念講演）

子どもと悪

模範生の家出

きょうはこういう非常に意義の深い会議にお招きいただきまして、光栄に思っております。警察の後押しで悪の話をするなどというのは、非常に光栄なことだと思っています（笑）。

最近、『子どもと悪』という本を書きましたが、こういうことを言わなければならないほど難しい世の中になったのだと思います。あるいは、子育てということが非常に難しい時代なのだと思います。世の中がいろいろと非常に便利になりまして、進歩したといえばすごく進歩しているのですが、そのために子どもを育てることがどれほど難しくなっているかという自覚が、みんななさすぎるのではないかと思います。

なんでもかんでも便利にうまくいくから、自分の子どももうまくいくだろうと思っていると、そう簡単にはいかない。いままでどおりの、自分の親が自分にしてくれたのと同じようなことをすればうまくいくと思っても、そうはいかないのです。そこのところがたいへん難しくなってきたのではないかと思います。子どもを育てるためにひと工夫もふた工夫もしなければならない。悪というのは悪いわけですから、昔だったら「悪いことはやめておきなさい」で終わりでしたが、いまはもう一度それを考え直さなければならない。そういう難しい時代が来たと思います。昔なら学校の先生にしろ、親にしろ、子どもに「悪いことはしてはいけません」と言うだけで終わりでした。ところが、いまはそうもいかなくなってきたというところで、少年たちへの対応が難しくなってきていると思います。

きょうは「子どもと悪」ということでいろいろお話しします。ご存じのように、私は本もたくさん書いていますので、あちこちに書いてあるのと同じことを言うと思いますが、ご勘弁願います。変わった話をしろと言われてもそう知恵がわくわけではありませんから、似たようなことを言いますが、幸い皆さんはあまり読んでいないだろうということを頼りに(笑)、しゃべることにします。

何から話をしていいかわかりませんが、簡単な例を挙げます。これはおもしろい例ですのでよく言いますが、ずっと昔の話です。私に相談に来られた方が、名刺を出すときにちょっと躊躇《ちゅうちょ》して出されるので、見たらＰＴＡの会長さんか何かの仕事をしておられる方でした。その方は夫婦で来られ、「実は自分はこういうこともしているし、村で教育熱心とみんなからもよく言われていたのだけれど、子どもがたいへんなことになって相談に来ました」と言われました。どんなことかといいますと、高等学校の子どもさんが急に家出をしてしまったのです。学校へ行っていると思ったら、知らない間に家出をしていて帰ってきません。それでびっくりしてあちこち電話をかけていたら、親類のところへ行っていて、その親類の人が教えてくれました。それで夫婦ですぐに車に乗って、その都会の親類まで迎えに行きました。

いままではほんとうに模範生でした。村中でその子の名前を知らない者はないというぐらいの模範生です。勉強はそれほどできませんが、みんながさぼって帰ってもひとりで掃除をしているとか、服装もぴしっとしているという模範生の子でした。その子が家出したのです。訪ねていくと、模範生だった子どもの顔つきがまったく変わっていて、怖い顔をして部屋にいる。お父さんとお母さんが部屋に入ろうとすると、「一歩も入るな」と言うのです。「そこを一歩でも入ってみろ。おれは二階から飛び降りるぞ」と言いました。そして「お父さん、お母さんにはひとことも言うことはない。腹が減るから、おばさんは食べ物を持ってきてよろしい」と言うので持っていくと、それを食べているらしいのですが、全然話をしてくれない。それでたいへんびっくりして、そのまま私のところに相談に来られたのです。

お父さんはたしかにしっかりしてすばらしい方だと私は思いますが、こう言われました。「私はPTAの会長をしたりして、村でもみんなが教育熱心と言ってくれるし、息子は模範生なので非常に喜んでいたのだけれど、こういうことが起こるのは両親の子育てに失敗があったに違いない。だからどんなことでも全部、先生の聞かれることには隠さずに話をしますので、私たちの教育のどこが悪かったかを言ってください。言われたら率直に改めたいと思います」という話をされました。そういうことを聞いているだけで、だんだんこちらは話がわかってきます。

ただ、われわれの仕事の難しいところは、私がわかっても話にならないのです。お父さん、お母さんにわかってもらわないとしかたがない。皆さんはそういう仕事をしておられる方が多いのでわかるでしょうが、こちらがわかっても話にならない。少年が「うん、わかった。がんばる」と言ってくれたらいいのであって、こちらが何を言ってもしかたがない。たとえば「シンナーを吸ったらだめだ」と言っても、「うん」と言って次にまた吸ったらおしまいです。本人が「おれはやめる」と思ってくれないとしかたがない。私はよく言っているのですが、われわれの職業は正しいことを言ってもほとんど役に立たないのです。そういうことはないですか。

「シンナーを吸ってはだめ」とか「勉強したほうがいい」というのは当たり前の話です。そういうことを言っても、向こうがやらなければしかたがないでしょう。しかし、そこまで考えるのはいやだから、正しいことを言って満足しておられる方もこのなかにおられると思います。そういう人は幸福な人です。私はなんと正しいのだろうと思って喜んでおられますが、あまり社会の役には立っていません（笑）。でも自分の役には立っています。自分は幸福ですから。しかし、皆さんがもう一つ人の役に立とうと思うと、正しいことばかり言っていられない。われわれの仕事は正しいことを言うということではなく、来た人が納得するようでなければならないのです。

日本語にいい言葉があります。「ふに落ちる」という言葉です。「うん」と思ったら、「よし」となるでしょう。だから「うん」と思ってもらうような会い方、話し方が大事になってくるわけです。私はずっとお聞きしていて、だいたい話がわかってきました。どう言おうかなと思ったのですが、ふっと思いつきまして、「さっきから聞いていたらすごくよい子で、お父さんもいいし、お母さんもいいし、子どももいいしと、よいことずくめですね」と言いました。そうすると、「そうなんですよ。ほんとうにそうなんです。それなのに、なんでこんな変なことが起こるのでしょう」と、それこそふに落ちないわけです。

だから私は言ったんです。「そうですね。お父さんがよくてお母さんがよくて子どもがよくて、これは何か悪いことが起こりますな」と言うと、「ええっ?」と驚きます。「よいのが三人も寄ったら何か悪いことでもないと、世の中変わりません」。よい人ばかりがいると変わらないのです。悪いことがあるから、世の中は変わるのです。だから、「よい人が何かをもう少し変えようと思ったら、何か悪いことが起こるのではないですか」と言ったら、よくわからなくても「へえ」と言っておられました。

「さっきから、よいよいずくめばかり言っておられるけれど、よい家ということではあの子は何も非のうちどころがなかったけれど、異性との関係やセックスとかいう点でいうと、ちょっとどうかと思うことはありませんでしたか」と私は聞きました。なぜそんなことを聞いたかといいますと、これは皆さんもほんとうに覚えておいてほしいと思いますが、人間が自立していくということは異性と関係ができるということと一緒なのです。家から出て結婚するわけですし、親から自立して恋人ができていくのです。つまり自立することと性的なことは案外一緒に起こります。

自立の衝動と性の衝動は一緒に動いている

きょうはそこまで言う時間がないと思いますが、少しお話しします。子どもでも六歳なら六歳の子なりに親から自立するときがあります。自立するから小学校に行けるわけです。そういうときに少しわいせつな言葉を覚えてきたりして、ぱっぱっと言ったりすることがあります。そのように、自立の衝動と性の衝動がどこかで一緒に動いているところがあるのです。

きょうはついでに言っておいたほうがいいですね。中学生ぐらいの男の子で、女性の下着を盗む子がいます。それを「これはセックスの問題だ」とか「性的におかしいところがあるに違いない」と張り切るおとながおられますが、それはおとなの偏見で、だいたいそういう子は自立の問題を抱えていると思って間違いないくらいです。皆さんも会われたことがあるでしょうが、中学生ぐらいで女性の下着を盗む子はわりあい更生しやすい。すぐよくなっていく子が多いのですが、そういうときにおとなが張り切りすぎて、失敗する例があります。おとなはセックスの問題になると張り切るから、聞かなくてもいいのに「きみはセックスはどうなっているか」などと言われて、それで心が傷ついてしまいます。おとなの善意は子どもを傷つけるほんとうに大きな武器の一つです。そのために子どもがよけいにおかしくなるということがなければ、だいたい立ち直る子が多いのです。

女性の下着を盗むなどというのは、性的な関心が出てきているからです。性的な関心が出てくるのだけれど、それをそのまま異性に言うぐらいの力がないのです。自立していく力がない分だけ、ちょっと横へそれて下着を盗んだりすることになってくる。われわれがカウンセリングをしていると、中学生や高校生ぐらいで女性の下着を盗む子は、だいたいセックスの話などほとんどなくて、お父さんやお母さんの話が出てくると思って間違いありません。

ある時女性の下着を盗んでいた子に会って話をしたら、「先生、理解のある親をもったらたまりませんね」と言いました。これはなかなかうまいことを言っていますね。このごろ、ほんとうは理解がないのだけれど、理解があるふりをするお父さんが多いのです。理解風と言ったらいいのかな。ほんとうはわかっていないのだけれど、「うんうん。おまえの気持ちはわかるから、一緒に映画を見にいこうか」とかそういうことを言うから、子どもが親父《おやじ》に反発するときがないのです。親父というのは、僕らのようによけいなばかなことを言うほうが、子どもは「なんや親父、間違っているやないか。ばかなこと言うな」と言うし、「やかましい」と言ってバンと火花が散るほうが子どもは自立します。ところが、けんかをしにいっているのに、「うん。わかる、わかる」などと小さい声で言われたら、それはだいたいうそに決まっていますからね。そんな猫なで声で「わかる」と言われたら、子どもはほんとうに困るのです。下着でも盗まないとほかにすることがないですよ。

「理解のある親をもったらたまりませんね」と言った子は、そういうことを言っているうちに、そこを乗り越えていけるわけです。別にセックスの話をしたわけでもない、下着の話をしたわけでもないけれど、みんな乗り越えていくことができます。われわれはそういうことを非常によく知っています。知っていますから、先ほどの話を聞いていたらよくわかりますが、よいよいずくめできている子が自立していこうとするときに、性の問題があるのではないか。そう僕は予測して言ったら、見事に当たりました。

どう当たったかというと、そのお父さんが言われるには、家出していなくなったので、ひょっとして自殺しているかもしれないと思ったそうです。だれでもそう思いいます。遺書があるかもしれないというので、その子の勉強している部屋の引き出しなどを開けていろいろ探しました。すると、じゅうたんが少し上がっているところがあって、これはおかしいと思ってめくったら、そこから変な週刊誌がたくさん出てきた。これはいまでこそたくさんありますが、いまから二十年以上前の話ですから、そんないかがわしい週刊誌はそれほど読まれていないころです。だから、そんなものが出てきたというだけで、お父さんとお母さんはものすごくびっくりしました。

びっくりした次が非常によろしくて、そのお父さんが頭をかきながら、「私はＰＴＡの会長もしておりまして、ああいう雑誌を愛読しているわけではございませんが」と言うのです。お父さんが買ってきておられた。愛読はしていないが、酔っ払ったときにときどき買ってくる。それを置いておいて、あとで奥さんが参考に読んでおられるというぐらいに思っていたら、なんのことはない、息子が持っていって二階で見て、上手に隠していたというわけです。

それを聞いて私はすごくうれしくなりました。「そうですか。私もそれを聞いて、ＰＴＡの会長にしてはけしからんと言う気はありません。また、よい本を読んでいらっしゃいますなと推薦する気もありません。ほめる気もないけれど、そういうものを酔っ払ったときなどにときどき読みたくなるというのが人間というものです。人間というのはだいたいそういうものだ」と言いました。しかし、お父さんは酔っ払ったときにはときどきそんな本を読んでおられるのに、お宅の息子はだれから見ても模範生。その子は服装もぴしっとしているから、近所の奥さんなどは、「あんたもあの子を見習って」とかやられているわけです。「そんな端から端までよい子で人生を生きてきた子どもというのは、いったいどうなるのでしょうね」と言ったら、まさにふに落ちたのです。

「ああ、わかりました」とお父さんは言われました。いろいろ思い出されてどう言われたか。「そういえば、私は子どものときからいろいろ悪いことをしていました」。要するに、お父さんの目を盗んで柿《かき》を盗んできたり、実は鉄橋の線路のところで顔を出して汽車を止めたことがあるとか、そういうことを自分はやってきたのに、自分の子どもは全然それをしていない。これが私がいま言っている、現在は子育てが難しくなったということの一つなのです。

昔の親が偉かったと私は決して思っていません。昔の親は幸いにも金がなくて暇がなかったのです。別に私の親父が偉かったわけではありませんが、親父が「しっかりやれ」とか「勉強しろ」とか「悪いことをしたらあかんぞ」と言っても、私は兄弟が六人もいますから、ひとりをつかまえて説教しているうちにあとの五人はどこかにいっています。だから、ちょうどよい程度に親の目が届かないところがありました。この「よい程度」というところが非常に難しいのです。放っておいたほうがいいと言っているわけではありません。親も先生も「悪いことをするな。ちゃんとがんばりなさい。うそをついてはいけません」と言うのだけれど、言っているそばからちょうど水が漏れる程度に、子どもは悪いことをしています。

ところがいまは子どもが少ないし、先ほど言ったようにみんなお金もあるし暇もある。となると、子どもに対するおとなの目が行き届きすぎるのです。私がいま挙げているのは昔の例ですが、そういう家ですから特別に、現在起こっているのと同じようなことが起こったわけです。結果的に言うと、そこのお父さんとお母さんは子どもをきつく監視しすぎて、子どもが動きがとれなくなっている状態でした。それにお父さん、お母さんは気がつかれて、「なるほど」と言ってこう続けました。「私はうまいこと言いながら、子どもを自分の路線に乗せてしまっていたようだ。模範生路線に乗せてしまって、偉い、偉いとほめてずっと行かせていた。子どもが進む道ではない」。そう言われたので、私はますます力を得ました。

そして「お父さんはさっきから、子どもが家出した、家出したとえらい嘆いておられますけれど、家出とはどういうことかご存じですか」と聞きました。「わかりません」と言われるので、「家出というのは家を出るということですよ」と言ったら（笑）、「ああ」とか言っておられました。しかし、子どもは家を出ないと話にならないのです。そうでしょう。ときどき家を出るのを怠ってずっといる人もいますが、家を出るから結婚ができるのです。どこかで出ていかなければならない。もちろん家を継ぐにしても、出ていく力があるから継げるのです。

家を出る、おれはやるのだという経験を、この子はしていないのです。なぜかというと、お父さんやお母さんが言う「よい子路線」をまっしぐらに走っているわけですから。だから私は「そういう子が家を出るというのは当たり前ではないですか」と言いました。そのときに、私はこう思いました。「かわいそうに、この子は家出の練習もしていない子だ」。僕らは子どものときからなんでも練習していますよね。兄弟が多くて物の取り合いなどをしたら、子ども心に「クソ、こんな家におるか」と思ってばっと飛び出るのだけれど、だんだん腹が減ったら帰ってきて、「やっぱりいいな」と思ったりしているわけでしょう。つまり、家出というのはずいぶん練習しないとそんなに簡単にできるものではない。それをみんなは小さいときから少しずつ練習して、ほんとうに家を出るのは二十何歳とか三十歳ぐらいです。

それまでのいろいろな練習の結果、ほんとうに家を出ることをするわけですが、いまの路線を走っている子はそんなことがありません。「こんちくしょう、こんな家、出てやるわ」とか「親父に一生、ものを言うもんか」といったことをやっていないわけです。私たちが子どものときにはそういうことがよくありました。それでも自分に力がなく、できないことがわかりますから、結局はまだまだだめだ、そのときが来るまでがんばろうと鍛えられていきます。

「悪い」ということのなかにあるプラスの意味

あとで僕はその子の家出の理由を聞いて感激しました。「おまえ、なんで家出しようとしたんだ」とお父さんが聞いたら、こう答えたそうです。「僕はひとりっ子で甘やかされすぎているから、自分の力でがんばろうと思って家出した。信州の田舎へ行ってそこで百姓をして、ひと旗揚げたら両親を迎えて暮らすことにしようと思った」。なぜ信州になったのかわかりませんが、そう思ったそうです。しかし、そんなことはできるはずがありませんから、結局、親類のところへ行ってつかまってしまいます。つまり、練習していないから、途方もないことを思うのです。絶対にできないことを本気で思ってやってしまうというのは、練習不足です。家出といえば、ある意味で言えば悪いことでしょうが、それを小さいときから積み重ねていって現実になるわけです。ところが、その子はそれをやっていないから、いまみたいなことが急に出てきました。

ついでに言っておきますが、この話には後日談があってすごくおもしろいのです。お父さんとお母さんに私がいまみたいな話をしたら、わかりのいいお父さんとお母さんですから、「先生、わかりました。私はなんだかんだと言いながら、自分の子どもをよい子の路線に乗せてばっと走らせていただけだ。これではだめですから、子どもの自主性を尊重して、これからは子どもが何をしても私は文句を言わない。自由にさせます」と言いました。ちょっとそれはやりすぎではないかと思いましたが、あまりに張り切っておられるので「まあ、やれたらやってください」と言いました。

そうしたら偉いですね。そこからまた車に乗って親類のところまで行かれた。そして、息子が「入るな」と言っているのに、「ちょっと待ってくれ。きょうはある先生に会ってきて、こういう話を聞かされてふたりは反省している。おまえを路線に乗せようとしたけれど、これからはおまえのほんとうに好きなようにしていいから」と言いました。すると息子が「そういうことなら帰ってもいい」とか言って帰りました。

それからがおもしろいのです。そうしたら、模範生がいっぺんにさぼり出したのだそうです。好きなようにしていいというのですから、帰ってきたらごろごろと寝転んでいる。いまテレビのチャンネルはリモコンを押せば変わりますが、当時はそんなものがありませんから、寝転んだままで足でチャンネルをガチャガチャと変えます。それを見ていたらお父さんは寒気がしてきたけれど、ここで怒っては自主性の尊重にならないというので黙って辛抱していた。ところが、息子はますます勉強はしないし、ごろごろしているので、お父さんはムカムカしてきます。

　これ以上辛抱していたら今度は変な子になってしまう。どうしたらいいかわからないというので、緊急にご相談したいと言ってお父さんとお母さんが来られます。そしていまみたいな話をして、「子どもの自主性を尊重するとは言ったけれど、やはり怒ったほうがよろしいのでしょうか。あるいは怒らないほうがよろしいのでしょうか。しかし、私は先生とお約束したので、一か月間、息子をしかったことがありません」と言われます。私は感心しまして、「それは大したものですな。よくしからずにおられましたね。しかし、いまから考えると、奥さんによく怒っておられませんでしたか」と聞いたら、「そのとおりです。家内に怒ってばかりおりました」ということでした。結局、腹が立って息子に言えない分だけ、ムカムカした分を奥さんのほうに、「すだれが曲がっている」とかなんとか言って怒りまくっているのです。だから、「それは結局、あなたは自分の子どもに怒っているのと同じことですよ」と言ったのです。

　人間は怒らずにいるということはできません。腹が立ったら怒ったほうがいいのです。ところが、その方はこう言われます。「怒ろうと思うのだけれど、いままであんなことをしてきたから、ここで怒ったらあの子の自主性をまたひずませることになるのではないかと思うと、やっぱり胸が痛んでくるんです」。それを聞いて私は感心しまして、「なかなかいいことを言われますね。お父さんの胸が痛んでいるかぎり、どんなに怒っても大丈夫です」と言いました。

これが大事なことなのです。この子をよい子にしようというときに、自分と関係なくよい子にしようという人がいるのです。自分はいろいろ悪いことをしているのだけれど、「ちゃんとやりなさい」などとはだれでも言えますよ。そうではなく、ここで怒るということは、ひょっとしたら自主性に関係あるかもしれないし、おれも子どものときにいろいろやってきたしということで胸が痛むのだけれど、怒らなければしかたがないから怒るわけでしょう。子どもに怒ったほうがいいか、怒らないほうがいいかなどとそんな単純なことはあり得ないのであって、怒ったほうがいいときもあるし、怒らないほうがいいこともある。けれど、「腹が立って怒るときに、お父さんの胸が痛んでいたらそれはいくら怒ってもらっても結構です」と言いましたら、「わかりました」と言って帰られまして、それ以後来られませんから、うまくいったと思います。風のたよりによると、その子はほんとうに立派な大学に行って、結婚して子どももいるそうですから、あとはうまくいったらしいのです。

これは非常に簡単な話ですが、いろいろ教えられるところがあります。どういうところか。非常に簡単な分類をすると、家出をする子は悪い子となります。ところが、簡単な分類の言っている「悪い」ということのなかに、プラスの意味があります。ここが難しいところです。そのプラスの意味というのは、もちろんその子にとっては自立していくという意味をもっていますが、そうかといって家出を奨励したほうがいいというような、そんなばかなことは絶対にありません。ここが非常に難しい。

「物がない」ということがなくなった

もう一つ大事なのは、よい子の路線に子どもを乗せてしまうことは、決してよいことではないということです。私はそういう意味のおとなの善意は、ほんとうに恐ろしいと思います。よいことをするおとなで一番困るのは、反省しないことです。よいことをしている人は反省しないというのは、すごい欠点ではないでしょうか。私のように悪いことをしている人はいつも反省していますが、よいことをしている人は「おれはよいことをしている」と思うから、なんかいい気になって言われるけれど、そのとおりよい子になった子はたいへんですよ。先ほどの家出ではないけれど、あとでやることが少し現実離れしたことになってきます。というのは、現実での訓練がなさすぎるからです。

そういうことで、ちょっと見たら子どもに悪いことだけれど、意味のあることがあるというところの難しさです。私は子どもは悪いことをしたほうがいいと言っているわけでもないし、お父さん、お母さんや皆さんが、少し成長するために一八％ぐらい悪いことをしたほうがいいのではないかとか、そういうことは決して言えないでしょう。だから、われわれは子どもに「悪いことはするな」とか「うそをつくな」と言っているのだけれど、昔は試練の力が上手に自然にいっていたのです。ところが、いまはわれわれ人間が試練から離れすぎているのです。つまり、自然にいったら子どももたくさん生まれたでしょうが、子どもも制限している。食べ物にしろ、おもちゃにしろ何にしろ、人工的にいっぱいあります。そういうなかで子どもを育てているのですから、いま子どもを育てるのはすごく難しいことなのです。

たとえば私が子どものときといまと比べたら、食べるものなどはいまのほうがよっぽどよくなっています。食べ物がよくなったというと昔よりよっぽど進歩したようですが、そのために子育てがすごく難しくなっています。なぜかというと、私の子どものころだったら、誕生日に何か食べるという楽しみだけで二か月ぐらい楽しめました。今度の誕生日には何が食べられるか。寿司《すし》を取ってもらえそうだというだけで、うれしくてうれしくてたまりませんでした。私と同じぐらいの年齢の人だったらわかるでしょうが、だいたい店屋ものを食べるというのはたいへんなごちそうで、親子丼《どん》などはすごいごちそうでした。親子丼やライスカレーを昼飯に食うような金持ちになってみたいと僕らは思っていたくらいですが、いまはだれでも食べています。だから、すごくよくなったように思うけれど、親子関係でいえばすごく難しいのです。

私はよく例に挙げることですが、私は田舎育ちですから、あのころは親父の寄り合いとか何かがあると折り詰めが出ます。親父の務めはその折りを全部食わずに、ちょっと食べて持って帰ってくることなのです。少しは食べなければいけないから食べて、ある程度残した折りを下げて、ほろ酔い加減で帰ってきます。われわれ子どもは全員それを待っていて、親父が帰ってきたら、「お父さん、お帰り」と言うのは別に礼儀の問題ではなく折り詰めに言っているわけですが（笑）、それでも格好とすればいいですよね。親父もカッコイイですよ。「おう」とか言って渡してくれたら、僕らは開けて、「ワァ、ある、ある」と言って、その羊羹《ようかん》を兄弟六人で六等分して、なんとうちのお父さんは偉い人だろうと思って尊敬していたわけです。

だから、「お父さんを尊敬しなさい」とか、そんなことを言わなくてもいいのです。折り詰め一つでそうとう稼げるわけですから。いままでの親父はよく言いました。「だれに食わせてもらっているのや」と言えば、食うのがたいへんでしたからそれだけで震え上がらなければいけないぐらいでした。いまから思えば簡単な話だけれど、

「お父さんの言うことを聞きましょう」とか「少しは礼儀も心得なければいけない」とか「兄弟で分け合って辛抱しなければならない」とか、われわれはいちいち親に言葉で道徳や宗教を教えてもらっていませんが、物が少ないということは、少ない物をみんなで分け合って、みんなでがんばっていこうとかいうことが、すっと入ってきます。

それからお祭りですごく生き生きするわけです。お祭りのときに何を食べるかというのが、うれしいのです。私は思い出しますが、氏神様のお祭りのときには必ず鯖《さば》寿司が作ってあって、食べました。それがうれしくてうれしくて。祭りというなかで、みんなが一家を挙げて楽しいなという感じは鯖寿司一本で演出できるのですが、いまの子どもたちにお祭りの演出をするのはなかなか難しいのではないですか。何を食べさせたらいいのか。

なかにはこんな話さえあります。実際にあった話ですが、あるお母さんが子どもの何かのときに、いつもインスタントのライスカレーばかりだから、一度母親の手作りのライスカレーを食べさせてやろうと思って、心を込めて手作りのライスカレーを作りました。すると子どもが「何かきょうのは味ないな。いつものはうまいのに」と言ったという話です。いつもインスタントを食べていたらそっちに慣れてしまって、せっかく手作りをしてもわからないのです。

要するに、われわれが普通に生きていても上手に祭りをしたり、親父の意味がわかったりということは、物がないということを中心にいろいろ行われていた。しかし、いまはものすごくたくさんの物がある。そういうときに、いったい子どもをどんなふうに育てたらいいのか、親と子の関係はどうなっているのかということを、まだわれわれは知りません。そして、なんとなくまだ昔風のものが残っているのです。

われわれの子どものときに非常に大切だったことに、「もったいない」というのがありました。私が「もったいない」と言うだけでにこにこしているのは年寄りの人ですが（笑）、これが私たちにはたたき込まれているわけです。あれは物の節約ではありません。だから、もったいないというのを英語にしようとすると非常に困ります。英語にして「浪費を防ぐことである」というとまったく違う話になる。

もったいないというのがどこから来ているかというと、このなかにおられるでしょうが、非常に仏教的なアイデアです。仏教的な考え方によりますと、特に日本の仏教がそうですが、要するに人間だけでなく動物でも机でも花でもみんな仏性をもっているというか、みんな結局同じになってくるのです。そしてずっと同じになって何もかも一緒になる。仏教のお説教を聞かれた人はよくそういうことを聞いておられるでしょうが、ちり一つのなかに三千のブッダがいるとか、そういう表現はものすごく多いですね。それはなぜかというと、仏教的に考えていくかぎり、すべてのものがみんな平等というか、みんな同じようになってくるからです。そう考えると、ご飯粒一つをもったいないというのは、ご飯粒を大事にしているのではなく、ご飯粒を大事にすることによって、世界を大事にする。ご飯粒を大事にすることによって家族を大事にするというか、みんながつながっていくわけです。

そういうことを昔の人はそれほど意識していませんが、日本の特徴は宗教的なことがすごく生活に入っているということです。宗教だけ特別に取り出して何というのではなく、日常生活で「ご飯粒がもったいないよ」とお母さんやお父さんが言うときには、そこにほんとうは宗教的なものが入っています。それが日本の特徴です。これがわからないと、よく外国人に「日本人は宗教心がない」と言われますね。「いや、日本人もあります」と言うと、「おまえは仏教ならお寺にいつ行くのか。何曜日に説教がある?」と聞かれますが、別に日曜日に説教しているお寺はないでしょう。めったに行かない。いつ行くのかといえば、「死んだら行きます」と言うと、それでは宗教ではないと言われます。キリスト教のようにちゃんと教会があって、何曜日に行って説教を聞いてという格好ではなく、われわれの日常性のなかに非常に宗教も倫理も入っています。だから「ご飯粒がもったいない」というのも、道徳教育でもあるし宗教教育でもあるということが、知らず知らずのうちにできていました。

ところが、その基礎になっている「物がない」ということがなくなってしまいました。物はたくさんありますから、これはものすごく難しいのです。そうすると、こんなに物があるときに、いったい自分の家は子どもにどう教えたらいいのか、どう生きようとしているのかというのは、日本中で考え直さなければならない。しかしあまりそういうことを言う人がいなくて、ときどきこれはがんばろうと思って、急に子どもに「もったいない」などと言っても、「アホか」と言われます。紙がもったいないから裏を使いなさいなどというと、家中紙だらけになります。いまの日本の経済を考えたら、どんどん消費もしていかなければいけない。消費しなかったら経済が成立しません。だから、どんどん消費するという生活のなかで、日本人はどう考えるのかという問題がある。そこまで考え出したら、日本の国は非常によくなったと言われているが、実際はよいことばかりではないということです。そのために難しいことがたくさん起こっているというふうになってくるわけです。

田辺聖子さんの話

ものの善悪はほんとうに微妙です。善と思ってやっているうちに悪になっているし、悪がさっきみたいに善を含んでいる。そんなふうに非常に微妙なところがあります。こういうことがわかってくると、子どものやっている悪というのは善の芽生えであることが多いと言えます。ここが非常に難しいところです。

皆さんもそうですし私もそうですが、私が会う子どもさんはよいから来るのではなく、何か問題があるから来るのです。盗みをしたとかチックがあるとか吃音《きつおん》があるとか学校に行かないとか、普通でいうと困ったことがあるから来るわけです。そういう子どもさんに私はなぜ会っているかといえば、その悪いことをやめてもらうというのではなく、悪いことのなかに入っている「よいものの芽」がどのように伸びていくのだろうと思っているからです。先ほども言いましたが、下着を盗んだ子が来てもセックスがどうのというのではなく、そのなかからその子はお父さんをどう考えているのか、そういうお父さんをもった子が、自分の自立をどう考えるのかというほうにいけば、プラスの話になってきます。そちらのほうを考えようとしています。

実は私はおもしろい経験をしました。このごろは創造的な子どもを育てなければいけないということがよく言われるので、非常に創造的な活動をしている人にどんな子ども時代を過ごされたかということで、「あなたが子どもだったころ」という題でいろいろな方にインタビューしたことがあります。インタビューしたのは、たとえば詩人の谷川俊太郎さんとか、皆さんもよくご存じの小説家の田辺聖子さん、挿し絵作家で文章もよくお書きになる司修さん、小説家の大庭みな子さんといった、私が見ていて非常にクリエイティブな仕事をしていてなかなかユニークなおもしろい人だと思われた人たちです。その人たちにお会いして、「あなたが子どもだったころ」を聞きました。

そして、私はその結論を書きました。子どものときはみんなよい子ではないですね。要するに、みんなちょっとずつ悪いですよ。別に悪い人を選んだわけではありませんが、みんな何かあります。ご存じの方も多いでしょうが、谷川俊太郎さんは学校に行きませんでした。いまで言うと不登校の子です。私は谷川さんに、「あんたは不登校のパイオニア」だと言ってよく冷やかしています。

田辺聖子さんと会ったときはすごく感激しました。これは言っておく価値があります。田辺聖子さんは小説をお書きになることで、皆さんご存じですね。田辺さんは、「私は悪いことばかりしていたんですよ」と話しておられました。女学校のとき、いまで言うと中学校の一年ぐらいのときに、万引きがしたくてたまらなかったそうです。

いまでもそれは覚えている。店へ入ったら、これちょっと盗んだらとか、店の人が見ていないときにすっと懐《ふところ》へ入れてやろうとか、そんなことばかり思えてくるそうです。そして言っておられました。「お金があるときに限って盗みたくなる。そして、もう何遍やろうと思ったかわからない。自分でもつらくてつらくて、店に行くのがいやになったぐらいだ」。行ったら万引きしたくなるのです。

また、そこが小説を書く人のすごいところだと思います。忘れる人が多いのですが、そういうことを覚えておられるというのはすごいです。皆さんのなかでも自分の思春期のことを忘れている人が多いと思います。自分は中学校のとき、大したことはなかったと思っているけれど、「あんたは悪いことばかりしていたわ」と友達に聞けばいろいろと教えてくれます。しかし、忘れる人は健康な人と言うように、だいたい忘れているものですが、田辺さんは小説を書くような人ですから、ものすごくよく覚えておられるのです。万引きがしたくてたまらなかったという話でも、生き生きとしてきます。周りを見てちょっと入れてとか思ったそうですが、やられなかったそうです。

田辺さんは、不思議なことに万引きをすることに関心がなくなったと言います。するするっとなくなってしまった。何かで失敗してやめたとか、何か本を読んでとかいうのではなく、何か気がついたら万引きなんか全然する気がなくなっていたと言われます。おもしろいものですねと言われるから、私も「思春期というのはそんなものですよ」と言いました。そうしてあとでまた話を続けていたら、こんなことを言われました。「私は女学校のとき、あるときから急に物語を作るのが好きになってきて、勝手にお姫さまの話などを書いて友達に見せたら、『わぁ、聖子ちゃん、おもしろい』と言うから、『今度続きを書いてきてあげるわ』と言って続きを書いていくと、またみんなが喜んだんです」。田辺さんが書いてくる物語は友達みんなが待っているのです。「それを次々と書いたが、いまあれを残しておけばよかった。あれで私は小説家になる練習をしていたみたいですよ」と言っていた。

私はそれを聞いて思いついて、「田辺さん、物語を書き出したころに万引きする気がなくなっていったのではないですか」と聞いたら、「ああ、そうです、そうです」と言われました。そこで私は「すごくよくわかります」と申し上げました。どうわかるかというと、物語としてものが生まれてくる、自分のなかから物語が生まれてくる前に、なんでもかんでも取り込みたいというときがあります。不思議に思われるかもしれませんが、ほんとうは知識を取り込んでものを書くのですが、なんでもかんでもというときに盗みたくなる。手当たり次第私のものにして、次に私の物語を書くといったらわかりやすいでしょう。非常に不思議ですが、そういう非常にクリエイティブな仕事をするときに、盗みの衝動を感じる人はわりとおられるのです。「そうだったのではないですか」と私が言うと、「そう言われると思い当たりますね」と言っていました。もちろん、そんなことが自分でわかって、物語を書くために万引きしようとは絶対に思っておられないのですが、わけはわからないがともかく盗みたくなって、次にわけがわからないけれど、ものを書き出した。実は心のなかではそういうことが起こっているのです。しかし、盗みは絶対に悪いですよ。そこは、間違わないでください。私の話を聞いて、うちの子を作家にするために万引きでもさせようかなどと決して考えられないように。そうではありませんが、物語を創造することの芽生えに、悪がそういう形で出てきているということがあるのです。

私はよく言うのですが、自己実現というのは悪の形で表れると覚えておいてもいいぐらいではないでしょうか。悪いことみたいだけれど、次にその人の実現するものが表れてくる。しかし、はじめの表れ方はなかなか善として表れてきません。このへんがすごく難しいところです。

「絶対にいけない」ということと「意味がある」ということ

そんなことを言っているうちに思い出しました。先ほどセックスの話をしました。

考えたら下着を盗むなんて絶対に悪ですが、いわば「女性的なものを取り入れる」「自分のものにする」と少しずつ言い換えていくとプラスになってきます。だから、女性の下着を盗んだ人でも絶対に悪いというのではなく、そこからこの子は中学生としてどう自立していくのだろうと思ったほうがうまくいく。けれども、先ほどから言っているように、決して万引きがいいことでもないし下着を盗むことがいいことでもない。それは絶対にいけない。

だから、難しいのです。「絶対にいけない」ということと「意味がある」ということと二つやらなければいけないのです。皆さんは非常に難しい仕事をしておられるのです。これをときどき間違えて、「意味がある」ということを好きになって「絶対にいけない」ということを忘れる人が、なかにはときどきおられます。悪いことをしたやつに、何かにこにこ会いすぎます。警察のなかにも、ときどきそういうやさしい方がおられまして、ちょっとぐらい悪いことをした少年にバンと怒ったらいけない、やさしく言わなければいけないと言われます。われわれにしたらバンと言ってもらったほうがいいなと思っているのに、悪いことをした子が婦警さんに「あんた、悪いことをしたの。今度からはだめよ」とやさしく言ってもらったら、あのやさしいお姉さんに会うためにまた悪いことをしようかと思ったり（笑）。そんなことはないと思いますけれどね。それは冗談ですが、どこかでピシッと筋が通っているということと、筋は通っているけれどおまえは絶対に悪いのではない、ここからどう生きるのかという二つのことを、皆さんは自分ができるかどうかをよく考えてみてください。

私がある先生方の集まりで、先ほど言ったお得意の下着を盗む話をして、セックスというのは自立と案外関係しているから先生方は注意してほしいと言いました。注意してほしいけれども、それは悪いことをするほどいいというものではなく、線はピシッと引いてもらわなければいけないという話をしていました。そうしたら、そのときに来ておられた中学の先生が、それから二、三年たったころでしょうが、忘れられないことがあったから聞いてくれというので来られて、こういう話をされました。

ある中学三年生の女生徒で、ものすごくきれいな子がいました。その子に匿名《とくめい》の手紙が来ました。ぱっと開けたら、セックスのいやらしいことがたくさん書いてありました。その子はものすごくびっくりして、私はこんなふうに思われているのかしらと泣いてお母さんに訴えました。お母さんはけしからんというので、その手紙を持って学校に来られました。そして、私に話をしてくれた先生が見られたのですが、その先生はさすがだと思いますが、その筆跡を見て書いた男の子がわかったというのです。去年卒業していまは高校一年生になっている、あの子の筆跡だ。

私が「よくわかりましたね」と言うと、その子はすごくよくできる子だからだそうです。よくできるし、それこそ模範生です。だいたい模範生というのは怖いのです。模範生だったので、その子の筆跡は非常に印象に残っていた。だから、あの子が書いたとわかった。しかし、筆跡からすればあの子だと思うけれど、いままでの中学校でのことを考えると、その子がこんなものを書くとは絶対に考えられない。でも、どう考えても筆跡から見てこの子に違いないと思ったので、先生はその子に会いに行かれました。家まで行って会って親をびっくりさせてもいけないというので、ちょっと話でもしようかということで外へ呼んで歩いて、人があまりいないような森か何かに行って、ぱっと見せて、「これ、おまえが書いたのか」と言ったら、その子はすぐに「はい。僕です」と言ったそうです。

「なんでこんなことをした?」と聞くと、「自分でもわけがわかりません」と答えたそうです。いつも受験勉強をしていて、何か急に気がむしゃくしゃしてきて、むちゃくちゃをしたくなった。そうしているうちに、一年上ですから、きれいな女の子のことが忘れられなくて、あまりあの子のことが気になるから書いた。むちゃくちゃなことを書いているわけです。気になるのならもっといいことを書いたらいいと思いますが、そのときにそういうことを書かざるを得ないような心のなかになっている。

皆さんにはこれもついでに覚えておいていただきたいのですが、思春期というのはたいへんな時代です。心のなかをひっかき回して全部入れ替えるぐらいの時代だと思って間違いありません。だから田辺さんのような人が盗みをしたくなったり、途方もないことがうわーっと出てくる。それがそのままバンと出たら、それこそみんなが大いにびっくりするような大事件になってしまいます。その子もそのきれいな女の子に関心があるのなら、「あなたはきれいです」と書いて出しておけばいいのに、そんなに変なことを書いて出すというのは、心のなかがむちゃくちゃになっているからです。それで匿名で出したところが先生が来た。そのときのその子の印象は、これで自分がおさまると、ほっとしていたようだということです。先生に見てもらってよかったということがあります。

その子はどう言ったかというと、「先生、ほんとうに悪かった。先生に来てもらって僕はありがたいし、これからは絶対にこんなことはしない。絶対にこんなことはしないけれど、絶対にお母さんに言わないでくれ」と言うのです。どうしてかというと、「うちのお母さんほど怖い人はいない。だれもがみんなうちのお母さんはよいお母さんだと思っている。たしかに外へ出たらにこにこしているし、愛想もいいし良識もあるけれど、僕に対して勉強ができるかできないかということになってきたら、まったく態度が違う。先生にはわからないだろうけれど、僕がちょっと悪い成績を取ってきたら、三日間、ものを言ってくれない。ひどいときにはご飯を作ってくれない。だから、こんなものをお母さんに見せたら、どうなるかわからない。お母さんにだけは言わないでおいてくれ」と言ったそうです。

先生の心もすごく動いて、ここまで反省しているのだからと思ったけれど、そのときに先生はふっと私がしゃべったことを思い出された。「筋は絶対に通さなければいけない」と私は言いましたから、ここは筋を通さなければいけないと思ってどう言われたかというと、「いや、あんたはもう高校一年生だ。高校一年生の年齢になっていて、自分が悪いことをしたのを母親に言うなということですまされない。しかもあんたのやったことは、ものすごくたいへんなことだ。あんたは気まぐれ半分で書いているかもしれないけれど、もらった女の子からするとものすごいショックだった。これはその女の子の心をどれだけ傷つけたかわからない。それだけたいへんなことをやって、お母さんに言うなというのは、おれは絶対に納得できない。だからどんなことがあっても、いまから言いに行く。ただし、あんたの話は聞いたから、怒りに行くのではない。怒りに行くのではなく、あんたの気持ちもわかっているし、お母さんの気持ちもわかるから、ゆっくり話し合いをしに行く」と言ったら、その子は「それだったら、しょうがない」と言いました。

それでその先生は、その子を連れてお母さんに会いに行かれたそうです。もちろん、その手紙を見せたらお母さんはすごいショックで、「うちの子がこんなことをしたんですか」と言いました。それこそ、その先生は私の話をいろいろ聞いておられたから、そこは説明がなかなかうまくできたわけです。「お母さん、これでこの子がものすごく悪い子になったと思う必要はありません。子どもというのはいろいろ苦労して悪いことをしながら成長していくものです。そのなかの一つだけれど、こんなばかなことをするというのは、お母さんのこの子に対する接し方で、考え直さなければならないことがあるのではないですか」と言いました。すると、お母さんは「たしかにそう言われれば、私はこの子をよい子という枠のなかにはめすぎた」と言ったそうです。「よい子というのは難しいのです。よい子は結構ですが、よい子の枠に入れたらろくなことはないのです」ということを先生は言いました。そしてお母さんと子どもが先生を間にはさんで、ものすごく話し合いをしました。子どももそうなったら、「お母さん、こんなことを言っていただろう。そんなむちゃくちゃなことはない」と言います。お母さんはお母さんで、「あんたはそんな偉そうに言うけれど、あんただってむちゃくちゃをやっているじゃないか」というわけで、すごい話し合いになった。それからその家は親子関係がすごくよくなったそうです。それで子どもにもお母さんにも感謝されて、あまりうれしいので報告しますというので来られたわけです。

私はそれを聞いていて感心しました。「先生、それはよくやられましたね」。一番感心したのは筋をピシッと通したところです。筋の通し方がすばらしいと私は思いました。単に「ばかやろう！」と怒るだけではなく、このことは親にも話をするけれど、あなたも一緒に話そうではないかというのをやり抜いたから、線が通ったわけです。悪の問題にかかわるのは非常に難しいのです。それがまたちょっとひずんで、「そうだ。悪はだめだ」とそればかり考えると、また失敗します。皆さんには、子どもの悪に関する非常に微妙なところを自分はどれくらい考えてやっているだろうかと考えてほしいのです。

ある学校で、それまでは頭の毛を染めてはならないとか、肩から何センチなどといろいろ決まっていました。そういうふうに髪の形をものすごく制限していた学校がいろいろ考えた末に、髪の毛は自由でよろしいとしたそうです。自由になってしばらくして、子どもの髪形を自由にして先生方はどう変わりましたかと聞いたら、先生が言われることは傑作です。「われわれは子どもを見たらまず毛を見ていたけれど、自由にしてからこのごろは顔を見るようになりました」と言ったそうです。いままでは顔なんか見ていないのです。「あいつは茶髪だ」とか人間を毛で見ている。そちらに意識が行ってしまって、自分たちは子どもをよくするためにがんばっているつもりでいても、子どもではなく毛を見ていたのです。ところが、毛は大丈夫となると今度はその子の顔が見える。疲れた顔をしているか、いい顔をしているかと見ていくというのです。だから、子どもにぴっしりやってもらわなければいけないというのだけれど、そのぴっしりというときに、われわれはよほど注意しないとそちらにばかり気を取られて、人間を見ていないということが起こってきます。これがなかなか難しいことだと私は思います。

田辺さんの例だけを挙げましたが、たとえば学校へ行っていないということでも、ほんとうにその子なりの意味をもって学校へ行っていないわけですので、その意味を探ることがすごく大事になってきます。学校へ行っていない谷川さんの場合も、聞いてほんとうに感心しました。さすがに詩人です。学校へ行って何がいやだったかというと、みんなが体育の時間に先生の号令であまり同じことをするので怖くなってきたと言います。一人ひとりが違うのだったら、ひとりがこうしていたら、ひとりは違うことをしてもいいと思うけれど、「イチ、ニ、サン、シ」と言うとみんなが同じことをする。あんななかに自分が入ったらたまらないと思って、学校へ行くのをやめたと言われました。そんな人もいるのです。そしてあの人は結局、すごく個性のある詩人になっていかれるわけです。そういうときに無理に学校に行かせるだけが能ではなく、何のために行っていないのか、何がどうなのかということを考えてあげることです。

子どものために何かしない愛情

もう一つ、よく言うことがあります。悪というのは先ほど言いましたように、絶対にいけないことです。いけないのだけれど、自然のうちにいままでの子どもは上手にやっていたからうまくいきました。しかし、われわれが難しいのは、いまはそんな自然のうちにと言えないことです。子どもは少ないしよく見えるし、しかも子どものためにできることはたくさんあります。

これも一つ例に挙げてもいいかと思いますが、こんなことがありました。ある会社の社長さんですが、その方は昔、苦学をされました。苦学というのはご存じですか。「苦学力行」という言葉があって、われわれの時代にもありましたが、小学校を出ても親が貧しくて金を出してくれない。だからあとは自分で仕事をしながら、自分のもうけた金で中学校も出たりほかの学校にも行くというので、自分で仕事をしながら大学まで行くことを苦学と言いました。その人は実際に苦学力行して社長になった人です。その人が言われるのは、「私は苦学力行してここまで来て、息子にはいろいろなことをやった。家庭教師もつけて本もたくさん買ってやって全部やっているのに、子どもはごろごろ遊んでいる。学校も行かない。けしからん。自分はこんなにやったのに、うちの子はけしからん」とものすごく怒られるので、僕は聞いていて笑ってしまいました。「そうですか。しかし、お父さんは勉強したかったからされたのでしょう」「そのとおりです」「おたくの子どもさんは勉強したくはないのでしょう。したくないのに、家庭教師が三人も来たら、これは苦学と違いますか」と言ったら（笑）、「ああ、そうですな。うちの子どもは苦学をしています」と言われました。

何が苦しいかというのはすごく難しいのです。ひょっとしたらその子どもさんだったら、ほんとうは勉強したかもしれません。ところが、先に本を買って家庭教師をつけられたら、だれでもいやになるのではないでしょうか。むしろ、「勉強なんかするな。金がないからするな」と言われるほうが、「クソ」と思ってやる気が起こります。だから、われわれ親が子どものために一生懸命になってしてやることが、つまりは子どもをつぶすことになっていくということが、いまはものすごく多いのです。

そう考えると、私はよく言うのですが、いまの親で一番難しいのは「できることをしない」ということではないでしょうか。昔の親はしたいことができなかったから、うまくいきました。たとえて言うと、これだけうちに金があったら家庭教師を五人でも十人でも雇えるけれどやめておこう。塾も行かせられるけれどやめておこう。おもちゃだって高いものをいっぱい買えるけれど、買わないでおこう。そのほうがよっぽど難しいと思いませんか。子どもが「お父さん、おもちゃ買って」と言ってくる。「どうするの?」「みんなラジコン買っているよ。同級生は全部買っている」「いくら?」「五千円」と言ったら、「うちはおもちゃは三千円以上は買わないんだ」と言う。そうすると、子どもとだいぶ話し合わなければいけませんよ。そのときにほいほいと五千円払ったら、「ありがとう」と言われてうまくいくように思うけれど、そういうときに買わないほうが意味があるのではないでしょうか。

だから、私はこのごろこう言うのです。われわれが難しいのは、昔の親と違って「子どものために何かしない愛情」というのがあるということなのです。何かする愛情ではなく、子どものために、しない愛情を与えなければならないので、すごく難しくなっています。

その非常に典型的な例があって、私はこれを聞いて感激しました。これも盗みです。きょうはずいぶん盗みの話が多いですね。ある小学校の女の子が万引きしました。ところが、すぐに見つかった。それもまた不思議ですが、普通は万引きしても店の方はすぐに警察に言わないのだけれど、そこはすぐに警察に言いました。警察の方が来て、警察の方がその子に会って話をすると、すぐわかります。全然そんなことをするはずのない子が、出来心でやっているとわかるから、問題は大きくないけれど家には言ってあげなければいけないというので、お母さんを呼び出しました。お母さんは警察から呼ばれて、自分の子が交通事故に遭ったと思い込んで飛んできたら、元気なのでよかったのだけれど、どうしたと聞いたら盗みをしたということでした。

うちにいっぱい物があってお金もあるのに、盗みをすることなど考えられません。その子に、「あんた、したの？」と聞いたら、「私はほんとうにした」と言います。お母さんは逆上して、「主人に電話をかけますから」とかけようとしたが、お父さんのところの電話番号がむちゃくちゃになってしまって、よそへかかってわからなくなって、電話機の前で呆然《ぼうぜん》として電話がかけられなくなって立ちつくしてしまった。そうしたら、その子がわっとお母さんに抱きついて、「お母さん！」と言った。あとで聞いたら、「あんなすばらしいお母さんは初めて見た」と言うのです。何がすばらしいかというと、「うちのお母さんは先回りして、なんでもやる人だった。自分が欲しいと思っていないのに本が買ってある。自分は勉強したいと思っていないのに家庭教師が来る。どんどん先回りばかりして、私を自分の好きなようにつくってやろうと思っていると思ったけれど、ほんとうにいざとなったら何もできない。あんなすばらしいお母さんはいない」ということでした。

わーっとなったら電話番号を忘れるぐらいのお母さんは本物だというわけです。わーっと抱きついて、それからその家はガラッと変わっていきます。これなどは何もしない愛情の話の典型ではないでしょうか。考えてみたら、子どものために本を買ってやりました。子どものために勉強の部屋もつくりましたといったら、すごくいいことをしているわけだけれど、子どもから言ったら電話もかけられないお母さんが一番すばらしかったというのです。だから、善悪はここまで難しくなってきているのです。そういう社会を僕らはつくりました。それは何も悪いことではなく、便利になっているのはいいし、物が豊富にあるのはいいのですが、それをほんとうに完成させるためには、僕らは子どもの教育について、いままでとひと筋かふた筋ぐらい違う、弾力性のある考え方をしないとだめではないかと考えています。

（一九九八年三月三十一日、財団法人社会安全研究財団講演会）

親子の絆《きずな》の逆説性

私は、「親子の絆の逆説性」というふうなむつかしい題を出しておきましたが、私の言いたいことは、だいたい蜂屋《はちや》慶先生が言われたのではないかというふうに思います。それで、私は、要約に書いてありますようなむつかしいことをやめまして、もう少しやさしい話をしようと思います。

私は、実際にいろんな問題を持った方の治療といいますか、そういう人たちを助ける仕事をしております。

きのう三河春樹先生が、子どもが問題を起こした場合に母親はどうしたらいいのか、あるいはどのようにしたらよくなっていくのか、そういう実際的な話をされると皆さん喜ばれるんではないかと言われましたので、私はそういう実際的なことをここでお話ししようと思います。

ただ、お困りになるのは同時通訳の方でして、打ち合わせと全然違う話になってしまいますんで（笑）、困るんですが、さすがはそこはプロで、何でも結構です、すぐやりますからということでしたので、安心して打ち合わせてない話をしようと思います。少しプロフェッショナルな人をいじめるのもおもしろいもんですから（笑）、やってみようと思います。

ただし、実際の話といいましても、私たちの職業上、本当にあったことをそのまま語ることは許されていません。こういう公共の場で、こんな話がありましたということはできない。したがって、私の話は少し抽象的になると思いますが、抽象的でしかも具体的にというところがこの逆説性というところでありまして（笑）、そういうむつかしいことをやろうと思います。

まあ、私が冗談を言いますと、外国の方も笑われますので、同時通訳はうまくいってるように思います（笑）。

実際に来られるお母さんの例を言いますと、こんなのが非常によくあります。たとえば、学校恐怖症といいますか、登校拒否といいますか、学校へ行っていない子がおりますね。そうしますと、その子が「やっぱり先生に相談しようかなあ」というようなことを言い出す。ところが、あの先生はふいに行っても会ってくれないかもしれないと思う。だから、「電話をかけようと思うんだけども、電話をかけるのは嫌だし」というようなことを言うわけですね。

そうすると、お母さんは必ず先回りして電話をかけられる。そして、先生に電話かけて、「うちの子どもが相談したいと言っておりますが」と言うと、先生は、「それではいつでも来てください」ということで約束ができるわけです。

それで、子どもに「お母さんがもう約束をとってあげたよ」と言うと、子どもはそこで俄然怒り出した。「よけいなことをする。自分が先生のところへ行こうと思っているのに、先にお母さんが構うからいけないんだ」それで、せっかくの子どもの意図はつぶれてしまう。

そうしますとまた、そこに心理学者なんていう人がおりまして、母親に、「あなたはそういうふうに過保護にするからいけない」というようなことを言うんですね。私は絶対に言いませんけれども（笑）、そういうことを言う人がいる。お母さんは、なるほどいいことを聞いたと思って、今度からは過保護はやめましょうと思うわけです。

そうしますと、今度は子どもが、まあ先生はだめだったんで、一ぺん親類へ相談に行こうと思います。ところが、親類へ行くには旅行かばんが要るんだけども、自分はいいのを持っていない。で、お母さんに、「旅行かばんを買いに行って」というようなことを言う。

そうすると、母親は、もう前にこりてますから、過保護はやらないと、だから「かばんなんていらないでしょう、ふろしきでいきなさい」とか言ってしまう（笑）。

そうしますと、またそういう子どもというのはおもしろいものでしてね、お母さんが読みたくなるように、ちゃんと日記を書いて置いてある、そこら辺にね。そうすると、お母さんがそっと日記を見ますと、「うちの母親は、子どもに対する愛情を持っていない、かばん一つ買ってくれないんだから」というようなことを書いてあるんですね。

そこで、その母親が私のところへ来られまして、必ず聞かれますことは、「どうしたらよろしいでしょう。子どもを構う方がいいのですか、構わない方がいいのですか。構っても子どもは怒る、構わなくても子どもは怒る」で、私に「どうしたらよろしいでしょう」、こう質問される。私はどう言うかというと、「むつかしいですね」と言います（笑）。

うちの学生が、「河合先生の口ぐせは〝むつかしいです〟ということだ」と言いますが、誰が来ても私は「ああ、むつかしいです」、それから「わかりませんね」「どうしたらよろしいでしょう」「また来週おいでください」と言う（笑）。

そうすると、そのお母さんがまた来週来られるんですね、不思議なことに。そして「どうしたらよろしいでしょう」とおっしゃる。だから、私の答えはだいたい決まっておりまして、「むつかしいですね。一緒に考えましょう。また来週来てください」ということでずっとやるわけです（笑）。

これが、非常に皆さん不思議に思われるんですが、どうして答えがないのに毎週来られるのか、どこに秘密があるかと言いますと、私は自分で思うんですが、「そんな答えはわからない」という、私が絶対的な確信を持っているということです。だから、私が「わかりません」と言うときに、非常に迫力があるんじゃないかと思いますね（笑）。

それから、「構うか構わないか」、あるいは、ちょっと要約に書いておきましたが、「親と子の絆は強い方がいいのか、弱い方がいいのか」、そういう二者択一的な質問をするというところに、そもそも問題が存在しているわけです。だから、その質問に私が答えていきますと、これは問題の解決にはならない。子どもが、お母さんが構っても怒るし構わなくても怒るというのは、私はむしろ非常にすばらしいと思うんですね、その子どもの怒りというのは。そこで、私はこの親子の争いを馬鹿《ばか》げたことと感じるのではなく、非常にすばらしいことがそこに起こりつつある、そのすばらしいことに対する畏敬《いけい》の念といいますか、信頼感を抱く。それと、そんな答えは私は知らないという絶対的な確信、それに支えられて、私が答えないのにその人は毎週やってこられるんだと思うんです。

しかし、これは半分冗談めかして言っておりますが、この闘いは非常にすさまじくなります。子どもにちょっとお母さんが構った、もうほんの少し助けてやったというだけで怒り出して、そしてお母さんをたたきのめして骨を折ったりするわけです。

そうしますと、こういう子どものお母さんは、「うちの子どもは精神病ではないでしょうか」と必ず言われます。そして、「どうかよい病院へ預けてください」、あるいは「どこかよい施設へ預けてください」、こういうことを言われる。

まあほとんどの方が言われますね、「うちの子は精神病ではないだろうか」。これを聞きますと、私は禅の坊さんを連想します。

なぜかといいますと、私は禅のお寺へ修行に行ったことはありませんけれども、人から伝え聞きますと、禅の老師というのは、さきほどの子どもと似たようなことをやるわけですね。どうやるかといいますと、禅寺へ行きますと、例えばここにあるめがねを見せて、「これは何か」というようなことを言うわけです。それで、「めがねです」と答えると、「喝」と怒られるわけですね。これはだめだというんで、「めがねではないでしょう」と言うと、また「喝」とこうくるわけです（笑）。

そうすると、われわれの常識では、これはめがねであるかめがねでないかどちらかなんですね。どちらを答えても怒るんですからね、私は禅の坊さんなんか精神病院へ行くべきだと（笑）、は思わないですけれども、思う人もあるんじゃないかと思います。

子どもと似てるんですよ、構っても「喝」でしょう、構わなくても「喝」です。だから、同じことが起こってるというふうに思うんですね。

そうすると、禅の坊さんは、何を言いたがってるかということを推察しますと、これが「めがね」という名前がついているとか、「めがね」という概念であるとか、そういうことを問題にするんじゃなくて、ここにこのめがねが存在しているということはどういうことか、一体「存在する」ということは何か、そこを尋ねたいんではないかというふうに推察します。

そういうふうに推察しますと、子どもが母親にいつも怒ってるということは、「母は子どもをどのように扱うか」ということをお母さんが考えるんでなくて、「母とは何か」「母はいかに存在しているか」というその本質に焦点がかかっているんではないかと思います。

これは、先ほどの蜂屋先生の話に非常に関係してくると思うんですが、蜂屋先生の言葉を使えば、一般に、母親というものを技術の世界でとらえ過ぎている。母はどのような技術によって子どもに接するか、つまり、少し放っておくという技術を用いるか、少し構うという技術を用いるか、ムチにするかアメにするかということを考えますが、そうじゃなくて、子どもが言いたいのは、お母さんがいるということ、そこにただいるということが欲しいんです、何かをするんじゃなくて。ところが、お母さんは、技術に心を奪われて、真の意味でそこに存在していないんです。

　母と子の絆ということが非常に誤解を受けますのは、何かお母さんがいつも子どものそばにいてやらねばならないとか、お母さんは働きに出てはいけないとか考えられる。しかし、全然そんな話じゃないんです。母がいるということは、はたにいなくてもいいんです。職場に行っておろうがどこにいても、お母さんというものが存在するということを子どもが腹の底で知っておればよい。だから、子どもは、禅の坊さんと同じように「喝」ということを言うんじゃないかというふうに私は思います。

　そして、その答えは、本当に禅の場合と同じでして、禅の答えの公案の手引きなんて私はまずないと思いますね。『禅の公案の理論と実際』というような本があれば(笑)、みんな買いまして、どんどんみんな悟っていくと思うんですが、きまりきった答えがない世界なんです。しかし、その人の答え、その人個人の答えというのはある。これが、子どもが尋ねていることではないかというふうに思います。

母なるものといいますか、きのう岩田慶治先生が、もっと底へといいますか、自分がどうというよりも、もっともっと深く行かねばならないと言われたことと同じなのです。きょう私、ミラ・スタンバクさんの話を聞いていて感心したんですが、お母さんがいなくても、入れ物がありますね、入れ物に入っているということは、あれはお母さんかもしれません。だから、母なるものというのは、あらゆるところに存在しているわけです。それを、だれかがその意味を知り、それを感じとるならば、非常におもしろいことが出てくるんではないかというふうに思うわけです。

そうは言うものの、何といっても実際の母と実際の子の関係というものは、これはやっぱり生物学的な基礎を持っているだけに非常に強いものです。

私の話を聞いて、ああよかった、これからうちに入れ物を買っておいて職場へ行こうと（笑）、あまりそういうふうに考えられますと困るんで、何といいましても生物学的な基礎を持った母と子の関係というのは強いものですから、やはり、小林登先生たちが言われたように、原体験をする、生まれてからしばらくの間、一年以内の間の母―子関係というのはすごく大切だと思いますけれども、それにしても相当な回復可能性ということを持っていることも事実です。

だから、われわれはそれを信じるからこそ、たとえば、子どもが生まれてすぐにお母さんが亡《な》くなられた方もありますし、お母さんが職場に出られる方もありますし、いろいろあるけれども、母なるものというものは、どこかでわれわれががんばれば回復されてくるんではないかと思うわけです。ただし、それがどんなにむつかしいことかということは、やっぱりつけ加えておきたいと思います。

先ほど言いましたように、子どもが荒れ狂って、お母さんは半泣きになられて、そして死ぬとか生きるとか、精神病とか言われながら、見ていますと、子どもも父親も母親も、だんだんだんだん成長していかれるんですね。本当にすごいと思うんですが、こういう成長への可能性という点は、まず、マイナスの形で、ネガティブな形で生じてくるということは、われわれ知っておくべきだと思うんです。

おそらく、母と子の問題はその家の中で底流しておったわけでしょう。回復するために、「お母さん、きょうから母なるものについて考えるようがんばりましょう」とか（笑）、そんなことは子どもは言わないんで、まず、子どもは学校へ行かなくなるとか、暴力を振るうとか、物を盗むとか、ほかから見ればマイナスの形であらわしてくるわけです。しかし、マイナスの形は、私から言いますと、回復へのプラスの筋道なんです。

しかし、このマイナスというのは本当にすさまじいものです。本当にお母さんの中で、「もう私は死にます」と言われる人がよくあります。もう死にたいとか死にますとかね。そのときに私思うことは、どうぞうまく死んで生き返ってほしいということです、死ぬのをとめるんじゃなくて。死んで生まれ変わるのだ。そういうふうに言えば、これがどれだけつらい仕事であるかということは、皆さんわかってくださると思います。

ところで、これに関連して次の問題を申したいと思います。

第二の例は、これ、なるほどと私は思ったんですが、こういうことがありました。やはり子どもさんが、知能が普通であるのになかなか言葉をしゃべれないとか、それから人間関係がうまくゆかないというんで連れてこられたお母さんがいます。

聞いてみますと、お父さんとお母さんがすごく商売に熱心な方で、熱心に仕事をしておられる間、赤ん坊だったその子どもを段ボールの中へ入れておいて部屋の片隅に置いてあったというんですね。

そうすると、子どもは初めは泣いていたらしいけど、だんだん静かになって、えらいおとなしい子だと思って置いといた、と言われる。赤ちゃんは段ボールの中に置いとかれて育ったようなもんですから、これはやっぱりなかなか人間関係がうまくできないのはあたりまえですね。だから私は、「それはちょっとひどかったんではないでしょうか」と言うと、そのお母さんが不思議そうな顔をして、「いや、私は同じようにして育てられた」と、「それでもちゃんとこうりっぱに育ってますやないですか」と言われるわけですね。確かにりっぱなお母さんでした、そういうことを言うだけでもりっぱですが（笑）。

どういうことかというと、自分はお百姓さんの子どもで、お父さんとお母さんが畑を耕している間、自分はあぜ道の片隅にモッコに入れられて放っておかれてた。それでも自分はちゃんとりっぱに、一人前の人間として育ってきておると言われるわけです。

私、それを聞いておもしろいと思いましたのは、どうも、同じように放り込まれても、たんぼの片隅にモッコにほうり込まれているのと、二DKの中で段ボールに入っているのとは大分違うんじゃないかということです。何が違うかというと、たんぼの場合は、畑がありまして、それからカエルが泣くでしょうし、ホタルが飛ぶでしょうし、風が吹くでしょうし、自然というものが完全にその子に対して母なるものとして機能したんではないかと思うのです。ところが二DKの中の段ボールではなかなかそうはいかないんじゃないでしょうか。

それを考えますと、これは岩田先生のお話にもつながってくると思いますが、昔はわれわれが母と子などということをあまり考えなくても、母なるものというのは自然の中で相当うまく機能しておったんじゃないか。ところが、近代化のために、そういうものを相当なくしてきた。じゃどうすればいいかということになります。

これは、先ほどの禅の話に返りますと、私は、禅寺へ行ってよく思いますのは、禅の坊さんはいいなと思うんです。あの禅の坊さんは、「喝」と言ってどなっていると相手が悟るのですが、私なんか来られたお母さんに「喝」なんて言うと絶対よくならないと思うんです。やっぱり、しんぼうして話を聞いたり、一緒に泣いたり、いろいろしなくちゃならない。

そうすると、禅の坊さんは怒ってばっかりで上手にやってるのに、ぼくはどうしてそういかないのかなと考えますと、いろいろ他の要素もありますが、仕掛けが違うんですね。というのは、禅の寺は上等でしょう。松の木がさあっとあったり、砂がきれいだったり、石があったり、つまり、坊さんは「喝」と言っているけれども、寺とか松の木なんかが背後でがんばっているんです、あれは(笑)。寺や自然全体が、人間の変容を助けている器として存在しているんです。

私の場合はどうかというと、「喝」とやっているのは子どもがやっている。だから、私が何にならねばならないかというと、私が寺になり、私が松の木になり、私がコケにならなくちゃならない。だから、何かこう髪までコケのようになってきたような感じがしますが（笑）、その役割を私がやっているわけです。

ただ、子どもは坊さんの役をやっていると言いましたが、違うのは、子どもは「喝」とどなるだけで、自分では答えを知らない。禅の坊さんは、公案を与えて「喝」と言いながら、答えを知っておられる。（知っておられないと大変ですが。）ともかく、そこが違いますけれども、私はそういう入れ物にならなくちゃならない。

このことから考えますと、これは、自然に返れとか自然が大切だといったって、何も二DKの家に住んでおられるお母さんに、段ボールはやめて家の片隅にたんぼをつくりませんかとか、そんなことを言っても始まらない。それじゃ、どうすればいいかというと、われわれの心の中に田を耕すことはできるんじゃないかというふうに私は考えます。いま言いましたように、私が松の木になり私が寺になることができるように。

だから、きのう中根千枝先生が「われわれはここまで来てしまった」という表現をされましたのが、非常に印象的だったのですけれども、こういう近代的な世界にもう来てしまったわけですから、来てしまって、なおかつ、われわれの心の中に自然というものを復活させるというのは、これは大変なことじゃないでしょうか。しかし、そういう両立しがたいようなものを両立させるところにこそ、私は何か新しいものが出てくるんじゃないかというふうな気がします。

つまり、近代的な世界に、ただ与えられたままに新幹線に乗ったり、与えられたままに生きてるんじゃなくて、もう一つクリエートしようとする人は、やはり自分の心の中の母なるもの、あるいは自然というものとの接触の回復を試みるんじゃないか。

おそらく、そういう点で、井深大先生がこういう問題に非常に関心を持たれたんではないかと思うんですね。つまり、近代的な電子や電気の研究で非常に新しいことを生み出すためには、そういうことばっかりやってるんじゃなくて、もう一遍どっか自然に返るということと、その両立しがたいパラドックスというものをいかに両立させるかということに直面しなくてはならない。

それではどうすればいいかというと、これは、きのう星野命先生の話にもありましたが、われわれのイメージといいますか、イメージといいましても単純なもんじゃないですから、心の中からわき上がってくるイメージといいますか、それにわれわれはもっともっと関心を払っていいんじゃないかと思います。

きのう伊谷純一郎先生が遊牧民の話をされまして、私は聞いていて非常におもしろかったんですが、われわれのように牧者というのを知らない、ともかくほっとけば稲は生えてくる——ほっとくわけじゃないですけれども、何か土から物がどんどん生えてくるというふうなことを自明のこととして生きている人間と、牧者によってコントロールし、あるいは雄の精子といいますか、そういうものを与えない限り、生まれるということはないんだということを自明のこととして生きている人たちとでは、やはり出てくるイメージも違うし、出てくる生き方も違うんじゃないだろうかというふうに考えます。そうしますと、これほど国際的に交流が激しくなると、われわれは自分の属しておった一つのカルチャーのパターンだけではもう満足できない。というよりは、われわれがこれだけ近代的なことをやっているということは、ヨーロッパのカルチャーというのを相当身に着けたわけですから、われわれが一体どういうイメージといいますか、どういうものを持ってこれから生きようとするのか。母と子の絆についても、イメージあるいはシンボルと言っていいんでしょうか、そういうものを持つべきではないかというふうに考えられると思います。

このへんに私は、イメージといいますか、そういうものの持つ強力さといいますか、意味を感じるわけです。

だから、きのうおもしろかったのは、T・ベリー・ブラジルトンさんが、映画を見せられました。そうすると、みんな映画を見られるんですが、われわれ心理学者というのは、映画を見てる人を見る傾向がありまして、観察しておりますと、映画に父親がでてきて、赤ちゃんが強さを感じて興奮するところがありますが、あんなのをやってますと、やっぱり、男の人はみんなそれを見ながら、ぐっときびしい顔をしておられる（笑）。やっぱり、ああいう姿といいますか、言葉じゃなくて、イメージというのはわれわれの体まで動かすところがあるんですね。そういうふうなわれわれの存在の根底にまで働きかけるようなものによって、ぼくらは「親子の絆」ということを、もう一遍新しく取り上げるといいますか、あるいは、つくり上げるといいますか、そういうことが必要なんではないかと思います。

（一九八二年十一月二十日、『親と子の絆―学際的アプローチ』創元社所収）

怒られて「こころのケア」は始まる

怒られて「こころのケア」は始まる

日本では災害が何度も、地震も何度も起こっているんですが、「こころのケア」ということがこれほど言われたのは、一九九五年一月十七日の阪神・淡路大震災が初めてです。

ボランティアの人が新聞なんかを見て、「神戸の人がこころに傷をもって大変だ、なんとか助けねばならない」とパッと避難所にやって来て、「何か心配事はありませんか」とか「震災の体験を話してください」とか、御用聞きみたいな調子で話しかけるものですから、聞かれる方は何を聞かれても腹が立つわけですね。

そんなもの当たり前の話で、「こころに傷をもった人を助けたい」という発想は悪くないんですが、そんな突然やって来たような人に話ができるか、ということになるんです。「自分が震災に遭ってもないのにわかるか」と怒鳴られて、「せっかく行ったたけど、怒鳴られて帰ってきました」とかね。怒鳴られて帰ってくるのはまだ可愛《かわい》らしくていいんですが、なかには、怒鳴られて怒っている人がいるんですね、「せっかく助けに行ったのに怒鳴られた」とか言って。

私はそういう話を聞いて、「何を言っているのか」と思いました。極端な言い方をすれば、そもそも、そういうふうに怒鳴られて帰ってくるような人は、初めから行かないほうがいいと思います。

こころのケアの問題で「助けに行きたい」という人がいたらよく言ったんです、「関西弁もわからないのに来てくれるな、それより金を出してほしい」と。お金を出してもらって、被災者の皆さんのちょっとしたことに役に立ててもらうほうがよっぽどいい。変に親切心でやって来ても、聞かれるほうは標準語で何を聞かれてもムカムカするだけなんだから、そこまでわかって来るんならいいけれども、そんなこともわかっていないのに「こころのケア」なんて言ってほしくない、ということを言いました。

あるいは、皆さんもご存じだと思いますが、ＰＴＳＤ（心的外傷後ストレス障害）という言葉がえらく有名になりました。何かＰＴＡと間違えそうな言葉なんですが、こういう言葉を覚えてしまうと、だれかが「震災のあと、物音がするとすぐ目が覚めるようになった」なんて言うと、つい「それはPTSDですよ」と言ったりする人がいます。

しかし、私がもし被災者で、だれかに「あなたはPTSDだ」と言われたとしたら、すぐに言いますよ、「私はそんな単純なハイカラな人間やない」と。要するに、人間が生きているということはそんな単純なものではなくて、簡単にPTSDだとか型にはめられたら困るんです。人の話を聞いてPTSDだとか言ってみることが「こころのケア」だと思ってもらったら大間違いです。そんなことではありません。

皆さんのなかには体験している人がたくさんおられますから、私の言っていることの意味はそのままおわかりだと思いますが、本当にすごい衝撃で、なかなか簡単に言えない。

考えてみたら、「グラッときたら火の用心」とよく言いますけれども、グラッとくるとか、そんな体験と全然違いますね。神戸には友人もいるし自分の近親者もいるし、いろいろな関係で地震の話を聞くことがすごく多かったんですが、話を聞いていて私なりに「なるほどなあ」と思ったことがあります。たとえば、「真っ暗で停電して何もできなかった」と聞くと、われわれとしては、相手が親しい人であればあるほど、「君が懐中電灯ぐらい用意してなかったのか」という言い方になるんですね。「何を言っている、懐中電灯があるべきところにあると思うとるんか。そんなもの、どこに行ったかわからんのやないか」と言われて、「ああ、そうか」と思うんです。

それで、そういう話をしながら、私は被災体験をもっていないから、彼にしてみれば馬鹿《ばか》なことを言っているようだけど、彼がそんなもの、違うぞということをどんどん言えるというのはいいことじゃないかなと思いました。それを聞いて私も、ああそうか、変なことを言ったな、と思って、「懐中電灯どころやなかったんやな」と言うと、「そうなんや」と話してくれる。そうすると、私は自分の知らないこと、自分が迂闊《うかつ》に考えていたことを土台にして、さらに尋ねる、彼もその気になって話す。こういう場合は話になっていくんですね。

だから、ボランティアが「地震に遭ってもないのに、よく来たな」とか「御用聞きみたいに言うな」とか怒られて帰ってくるというのは大間違いで、その怒られたときから話が始まるんです。

皆さんもおそらくこういう体験をしておられると思いますけれども、被災者は、とにかく何かに怒りたいという気持ちが出てくると思うんです。自分は何も悪いことをしていないのにとんでもないことが起こったんですから、「こん畜生」とか「バカヤロー」とかだれかに言いたい。そういうところにのこのこやって来た人がいるんですから、その人に怒るのは当たり前です。そのときに、これほどの怒りが渦巻くほどの体験があったということをスッと受け止めて、その怒りを受け止めながら話が聞けるような人が、「こころのケア」と言えるのであって、怒られてびっくりしてしまうようでは話にならない。

「話を聞く」ということの意味

そういう、私には思いもよらない、被災した友人の話を「そうか、そうか」と聞きながら、ふっと思い出したことがありました。

私は、こういう「こころ」の問題の訓練を外国で受けました。だから、心理学を日本語では全然習っていなくて、英語で習ったんです。自分が心理療法をおこなえるようになるためには、自分が心理療法を受けなければなりません。そうすると、私が心理療法を受けていて、日本人としては当たり前のことをパッと言うと、相手にはわからないんです。その相手は心理学者で人の気持ちを理解するのが職業だといいながら、まだ日本人のことなんかほとんど知られていないころですから、私が普通に思っていることでも、相手の人にはわからない。「一体それはどういうわけだ、何でそんな変なことを思うんだ」と言われて、私は説明しなくてはならない。

今でも覚えていますが、「もったいない」ということをなかなか説明できないんですね。「もったいない」というのはどういうことかを、言わねばならない。「もったいない」という感情が相手にも伝わらないと、私の考えていることはわかってもらえません。それで、ああ言ったり、こう言ったりしていると、相手が「ああ、わかった、わかった」と言ってきます。そして「そうか、日本人というのはそういう考え方をするのか」と言ってくれる。私はそういうやり取りをもどかしく思いながらも、「これにはすごい意味があるな」と思いましたね。

どういう意味があるかというと、私の「体験」というか、私の「日本人」というものが、世界に開かれていく——というのはちょっと大げさですけどね、自分が他の人につながっていくように思いました。

それと同じことで、被災者の人は大変な体験をしたわけです。その体験を話してくれて、私たちが「そうだったのか、そんなだったのか」とわかるということは、体験を語ることによって、その人のこころのなかですごく傷ついた部分が健康な部分とつながっていくということをしている、そこにわれわれがかかわっているということなんです。だから、そういうふうに話を聞いているということは、本当に意味があるんじゃないかと思いました。

今日、体験を書いたものをちょっと見てみましたが、「当たり前ということがどんなにすばらしいか」と書いてあるものがありました。「当たり前がすばらしい」というふうなことは、やはり体験した人だから言えて、われわれはそれを聞くと「うん、なるほど」と思いますね。こういう体験が出てきて、そしてそれが日本中に、英語にも訳されていましたから、世界にまで広がっていくということは、単に防災ということだけではなくて、人間の生き方とかあり方とか生活ということを根本的に考え直す、あるいは問い直すというインパクトになるのではないかと思います。

「ものがたり」と「癒《いや》し」

何か衝撃があって、眠れなくなったり、いろいろなことがあります。そういうとき、眠れないこと自体は普通のことではないですけれども、普通でないことが起こるということは、普通なんです。ですから、それに、すぐに異常だとか何とか名前を付けるのは、違うのではないかと思います。

人間というものは、大変な体験をしたあとはいろいろなことが出てくるものです。不安感を強く感じたり、眠れなくなったり、今まで風邪なんかひいたことのない人が風邪をひいて治らないとか、そういうふうに出てくる人もあります。

しかし、それがだんだん自分のなかで癒されていくということがあるわけです。このことを皆さんは体験されたと思いますし、また、今後、そのことを皆が知っているということが大事だと思います。

私は、その「癒されていく」というときに、単に「話をする」というだけではなくて、「ものがたる」ということに、すごく意味があるように思いました。自分の体験の事実をそのまま述べて、何時何分に何があって、五分後に何があってというようなものではなくて、やはり、ものがたらないと、話にならないですね。だんだん「ものがたり」が上手になってきて、体験しなかったことまで語ったりするんですが、それがいいところなんですね。

つまり、そうして、構築していくというか、ものができ上がっていくんですよ。その構築されたもののなかに、「癒し」ということが入るんですね。そういうことを本職にしている人が芸術家なんですけれども、皆さんはある程度、「癒し」の体験をされたのではないかと思います。

地震怪獣がやってきた

そういうなかでできてきた作品があります。山上榮子さんという人のつくられた、

『ふうちゃんとじしんかいじゅう』（小さな出合いの家）という絵本です。

山上榮子さんはわれわれと同じ職業、臨床心理士です。この臨床心理士の山上榮子さんが子どもたちと一緒に遊ぶと、その遊びのなかに「地震怪獣」というのがすごくよく出てくるんだそうです。つまり、私たちは地震というと、さきほどの「グラッときたら……」ではありませんが、グラグラ揺れるものと思っていますけれども、そんなものではなくて、もうドカーンというか、「ゴジラが来たのかと思った」と言った人がいますが、そういう体験です。子どもにとっては、「地震怪獣」という怪獣がウワーッと猛然とやってきたような感じなので、子どもの遊びのなかに地震怪獣がよく出てくるんですね。そういうこともあって、この山上さんは『ふうちゃんとじしんかいじゅう』という絵本を書かれたのだと思います。

飛ばし飛ばしお話しすると、

「ねんねんころりよ、おころりよ、坊やはよい子だ、ねんねしな……ふうちゃんはゆうべもお母さんの子守歌を聞きながら眠りました。／もうすぐ朝、寒い冬の夜明け前です。ふうちゃんは夢の中を散歩に出かけます」ところが、すぐに「ぐゎーん、きゃあ、ぐぉーん、助けてえ、どしゃーん」というすごい音がして「身体《からだ》をあっちこっちぶっつけながら落ちたところは真っ暗な穴の底でした。『お母さーん、お母さーん』だあれも答えません。遠くの方から自分の声だけが響いて返ってきます。深い深い穴の底にふうちゃんはたった一人でした」お母さんと言っているうちに「夢からさめたふうちゃんはお母さんを呼ぼうとしました。けれど、背中から胸からきゅうと苦しくて声が出ません。目の前にはたんすやらテレビやらぐちゃぐちゃです。『お母さん、お母さん』五時間たって、夜勤からかえってきたお父さんに助け出されたふうちゃんは、お母さんを揺すりました。でも、やっぱり答えません。どっさり落ちてきた家におしつぶされてお母さんは死んでしまったのです。大きな大きな地震が町じゅうをめちゃくちゃに壊しました。そして今、ふうちゃんの大好きなお母さんは、もういないのです」

皆さんの担任している子どもさんのなかにもいたと思いますが、この地震で両親を一挙に失った子どもさんがおられますね。お母さんが亡《な》くなった人もいます。おそらく、そういう人の体験がここに入っていると思います。

お金で計れない価値観

お母さんの子守歌がないので「ふうちゃんは眠れません。／ぼんやり避難所の天井を見上げていると、『ふうちゃん、ふうちゃん、手が痛いよう』」と「どこからか、かすかな声がします。いつも一緒にいた人形のマリーの声です。ふうちゃんは、懐中電灯を持って、こっそり避難所を抜け出しました」

これは、ふうちゃんの大好きな人形が、家のなかで片腕がとれたのを助け出したんですが、実際、自分にとって非常に大切なものを自分の家へ行って取り出した子がたくさんいると思います。そういうものは自分の分身なんですね。分身がいてくれると安心できる。

そういうことがわからない人は、「もっと金目のものを取り出してきたらいいのに、何で片腕の取れた人形をもってくるのかな」と言うのですが、これはお金の問題ではないですね。

この大震災で、お金で計る価値観と違う価値観があるということを体験された人が、非常に多いと思います。安いものでもものすごくこころに響いたものもあるし、高いものでもほとんど意味がないものもあるし、それから、自分が一生懸命にお金をかけて集めたものがほとんど無意味だったというふうな体験をした人もあると思います。

震災などの場合、お金に換算できないものの価値がものすごく輝いてくる。それをわれわれはよく知っていないといけません。それを知っていないと、子どものこころが回復しようとするとき、回復にいちばん大事なものをわれわれが奪ってしまったりすることがあるわけです。ふうちゃんは幸いなことに、人形のマリーをもって帰ってくることができました。

亡くなった人とのこころのつながり

このあとは詳しくは言いませんが、ふうちゃんは、寝ようと思ってもどうしても眠れないとか、大変な体験があります。皆が外へ散歩に行こうとしてもふうちゃんは行けません。今度はお父さんが死んでしまうかもわからない、お母さんだけではなく、お父さんも死んだらどうしようと思うと怖くて外へ出られないんです。もう足がすくんでしまって出られない。たしかに、こういう体験をした人もあると思います。

そうしているうちに、ふうちゃんはこっくり眠ってしまいました。するとどこから か大きな音が響いてきました。「どっしんどっしん、ぐらぐらっ」見たら地震怪獣ではありませんか。「ふうちゃんを食べちゃうぞう。マリーも食べちゃうぞう」地震怪獣が地震の穴ぼこから這《は》い出してふうちゃんを追いかけてきたんです。

ふうちゃんが怖いと思っていると、お母さんの子守歌が聞こえてきます。「ねんねんころりよ、おころりよ、坊やはよい子だ、ねんねしな」というその子守歌が聞こえてくると、地震怪獣がだんだん、だんだん小さくなっていきます。マリーが歌っているのですが、子守歌が繰り返されるうちにだんだん地震怪獣が小さくなって、とうとう小さくなった地震怪獣が「ぼく、眠くなってきたよ。お家《うち》に帰る」と言って、地震の穴へ帰ってしまいました。

ふうちゃんは目がさめると、すごくこころが安らいでいます。このあとは簡単に言ってしまうと、日にちが過ぎて、ふうちゃんもだいぶん落ち着いてきた。そして、大事なときにはお母さんの子守歌が聞こえてきて、ふうちゃんのこころを慰めてくれる——というお話です。関心のある人はこの本を見てください。

ここで大事なことは、地震というものが自分の外部で起きるだけではなくて、こころのなかからも地震怪獣というものが出てきて、ものすごく怖いということです。ところが、亡くなったお母さんの子守歌が、地震怪獣からふうちゃんを守ってくれる。ということは、人間は死んでも人の役に立つことがあるし、それから、亡くなった人とのこころのつながりが、われわれを助けてくれることがあるということです。

これは、本当に大切なことです。私など、そう思わなかったら自分の仕事はできません。実際、お父さんもお母さんも亡くした人もいるし、友達が目の前で死んだという人もいるし、そういう人が来られたときに、「死んだ人は帰ってこない、だからあなたは救われない」と言っていたら、われわれの仕事はできないですね。

大事なことは、亡くなった人でも、人のこころのなかに絶対に生き返ってくる、力をもっている、ということです。ただ、「絶対に」と言っていますけれども、帰ってくるのをだいぶん長いあいだ待たねばならないときがあります。

幼いときにお母さんを亡くした人で、大変なノイローゼになった人と、私は長い期間会っていました。その人が、自分の亡くなったお母さんの夢を見るのに何年かかったと思いますか。十五年かかりました。亡くなったお母さんがずっと夢に出てこられませんでしたけれど、とうとう、十五年たって出てこられたんです。もうどんなにうれしかったか、私もその人も。「わあ、とうとう会えたなあ」と言いました。それは、「絶対に会える」と思うから、頑張っているわけですね。

ふうちゃんの場合は比較的早くお母さんの子守歌が聞こえてきましたが、皆さんが実際に接している、親を亡くした子どもさんの場合は、そんなにすぐにお母さんの声が聞こえない子もたくさんいるでしょう。なかなか表情の変わらない子もいるでしょう。

しかし、死んだからといって関係がなくなるというような、そんな単純なものではないということですね、人間というのは。それがわかっているということが、ものすごく大事なことです。それをこの絵本『ふうちゃんとじしんかいじゅう』はわれわれに知らせてくれる。おそらく、これを書かれた山上さんという方は、似たような体験を、子どもさんとされたのではないかと思いますね。

「おさまる」ということ

次に、日本語にすごくおもしろい言葉で、「おさまる」という言葉があるんですね。「うまくおさまりましたな」という「おさまる」です。

今の、お母さんの子守歌で癒されるというのではないけれど、なにか、こころがおさまってくるというのがあるんですね。さきほど言いましたように、もう大損害だ、家も壊れたし、近親者も死んだしと、皆に話をしたり皆と一緒に何かしたりしているうちに、だんだんおさまってくるということがあります。

ちょっと話が横へ行くようですが、私の友人のアメリカ人で、今、日本に来ている人がいるんです。私と同じような心理療法をやっている人です。その人は、日本人の患者さん、あるいは日本人のクライアントの人にいろいろ治療をしています。

私がその人に「日本へ来て、どうですか」と聞くと、「ものすごくよい体験をした」と言います。どういう体験をしたかというと、療法のあり方が違うというのです。

アメリカ人とかヨーロッパの人は、何か問題があったら、原因をはっきりさせて、その原因を一緒に考えて追究して、頑張ってその原因と闘って治していこうという気持ちになりやすい。

たとえば、喉《のど》にものがつかえたように感じられて、声がほとんど出ない、かすれた声しか出ないというノイローゼがあります、実際ね。そういう人が来られると、アメリカやヨーロッパ流だったら、「一体、あなたの喉に何がつかえているのか。あなたの表現を抑えているものは何か、考えてごらんなさい」とか言います。ノイローゼの人がそれは何だろうと考えて、「どうも自分の父親の手がつかえているような気がします」と答えると、「あなたの父親はどんな人だったのだろうか」とか「その父親の手をはねのけるには、あなたはどうすればいいのか」とか追究していきながら治療します。

ところがそれが日本人だと、「喉にものがつかえているような気がする」と治療に来て、それでなんやかんや話をしていたら、「おかげでこのごろつかえなくなりました」というふうになります。日本人は原因を追究しなくても、症状がだんだん消えておさまってしまう。

そのアメリカ人の友人は、「日本人は、『おかげでだいぶおさまってきました』ということをよく言う。この日本人の知恵というのはすごいんじゃないか」と言っていました。

彼は、日本と欧米のどちらがいいとは言っていません。欧米の方法もあるし、日本の方法もある、と。

同じ日本人でも、日本と欧米のどちらの方法が合うか、人によって違うと思います。実際、震災を体験していろいろ問題があって来られた人でも、「どんなでしたか」とか「大変でしたね」とか「そのときにお母さんが亡くなったんですか」とかいう話をする人と、そういうことはおいておいて、「あなたは今どんなことをしているんですか」「最近は花を植えているんですよ」「どんな花を植えているんですか」というような話をしているうちに、「おかげで元気が出てきました」という人といるんですね。後者のほうは、原因を追究して闘ったわけではないんだけど、だんだんおさまってきましたというケースです。だから、この二つの方法があるということは、今回、われわれも体験しました。

治療に来る人がおさまっていくためには、聞き役のこころがおさまっていないとだめです。聞き役がおさまっていなくてせかせかすると、話すほうも、話しているあいだにせかせかしてくるわけです。こういうことも、われわれが先のことを考えていくうえで大事なことだと思います。

個人と全体との両立を

もう一つだけ言いたいのは、これは何度も言われていますが、これほどのすごい災害が起こりながら、神戸で略奪も暴動も起こらなかったことはすごく評価されているし、私もこれはすごいことだと思いました。一方、政府の対応が遅れた、判断が悪かったということもよく言われます。

私が思うに、この二つのことは物の裏表みたいなもので、日本人はいつも全体のことを考えて皆つながっているから、いざというときも全体でつながることができるんだけれど、反面「これはこうしましょう」と、パッと一人で判断することは下手です。

これは日本人としては当たり前で、一人で判断してパッパッやっていたら、他人から嫌われるんじゃないでしょうか。「出る杭《くい》は打たれる」――出てもないのに打たれたりもしますから。われわれも、「先生どうしましょう」と聞かれたら、「いや、ええ、皆さんは」とか言わないと、評判が悪いんですね。

日本人は、皆のことを考えているような顔をしながら実は好きなことをする、という才能は磨きに磨いているんですが、初めから、「よし、私はこうする」と判断することは、あまり訓練されていない。ところが、今度の震災では、そういう判断が要求されました。

校長先生などで、その判断を迫られた人はたくさんおられます。避難者は何人、食料はこれだけ来た、これをどう配りますか――とかね。そういうときに「皆さんは」なんて言っていたら全然だめです。あるいは、避難してきた人を校長室に入れますか、入れませんか――とか。こういうときに、自分の判断でパッパ、パッパと決めていく力がなかったら、避難所の運営はうまくいきません。

ところが、「そんな力があるんやったら、おれは校長なんかしてないで」と言いたくなるような部分がありますね。やはり、普段は、全体のことをいろいろ考えて校長先生をやっておられるわけですから。

だから、これからの防災教育では、日本人のもっている、皆のことを考えて皆で頑張ろうという性質と、災害が起こった場合など、いざとなったら、自分一人で決定する力をつける訓練とは両立できるのだろうか――というすごい課題があります。

私は、いざというときには自分一人で判断しなければならないということをはっきりと意識しているかぎり、両立できると思っています。はっきり意識しているかぎり。

平和なときから、この場合は皆で一緒に考えよう、皆でやろう、しかしこういう場合は自分で判断しよう、ということを、ちょっとずつ練習しておかないといけません。日本の学校では、皆のことを考えたり皆で一緒にしたりすることは、知らず知らず、ものすごく訓練しています。しかし、自分で判断することの大切さも自覚して、その練習もする必要があります。

学校へ行くとよく、「個性を大事にしよう」と書いてあります。校長先生が「個性を大事にしよう」と言ったら、どの先生も一斉に「そうです」と言うけれども、一斉に「個性を大事にしよう」と言うなんて、こんなおかしいことはないわけです。そういうおもしろいことを日本人はやっていますので、その自覚がいります。

私は何も、欧米のほうがいいなんて言う気は決してありません。欧米にも問題はたくさんあります。災害のとき、日本では皆さんもちこたえたのに、欧米では略奪が起こったり暴動が起こったりしました。そういう点では、われわれはいいところをもっています。

そのうえに、「個人的に決断する」というところをわれわれのなかに入れ込むことは、私は可能だと思います。それを教育のなかでどう生かしていくか、生かせるような教師に自分はなっているのかということが、今後の防災教育で非常に大事なことではないかと思っています。

どうもありがとうございました。

（一九九六年八月三十日、『ひょうごのこころ』所収、「震災体験を活かした防災教育」改題）

攻めの学問

絶対的平等観の背後にあるもの

二十一世紀、人類の未来を左右するのは、最終的には人間の資質そのものの問題である。つまり人間を形成する「道徳」と「教育」が今後いっそう重要なテーマになることは明白である。そこで、今後の日本の教育のあり方を考える上でも、東方思想と日本の教育との関係を考えてみることにしたい。

東方思想の教育への貢献を考えたとき、日本では「戦前」と「戦後」の教育の区別と無縁に論じるわけにはいかないようである。そこでは、戦前の東洋的な、因習的で封建的な考えは誤りであり、戦後アメリカによってもたらされた民主教育は正しいものであるという考え方が一般的である。このような考えに基づく人達にすれば、東方思想は日本の教育にマイナスの貢献はしたとしても、プラスの貢献はしていないという印象があるように思われる。

しかし、この考え方の当否は別にしても、多少単純過ぎる捉《とら》え方ではないかという気はする。日本人の考えている「民主主義教育」には、実際は非常に強い東方思想の影響があることを、ここで指摘しておかなければならないだろう。

日本において、民主教育を強く主張する人々は、「絶対的平等観」をその価値観の前提としている。そして、これはしばしば個人差の存在を無視することになる。「絶対的平等観」を持つ人々は、全《すべ》ての人間に全て同じ方法で教育し、全ての人が努力をすれば良い大学に入学できる、という考えを、無意識的に承認している。

これは、欧米の最初から個人の能力差の存在を前提として考えている教育のシステムとは、全く方法論が異なっている。現在日本において民主教育を主張する人は、民主教育がアメリカの教育の思想に基づいて行われていると思っているようであるが、実はそうとは限らない。アメリカの教育の思想の根底には、個人差、能力差の存在がある。だが、むしろ日本の民主主義の背後には、個人の概念などない仏教的な考えがあるように思われるのである。

近代の西洋においては、物事を「区別する」という感覚が非常に大切にされた。「区別する」ことに努力を払われ、その感覚を洗練していくことが重要と考えられた。自と他、あるいは心と体、人間とその他の生物、といったことが明白に区別され、それらをもとにして思想や自然科学の体系が構築された。このような方法により、自然科学を基礎とする近代テクノロジーが発達し、それが非常に大きい成果を上げたのは周知の通りである。

これに対して仏教的思考は、むしろ西洋とは逆の方向の考え方に発展していったと言える。仏教においては、日常において区別されているものを、区別せずに全体として見ることを重視している。「融合する」心の働きのほうを重視しているのである。したがって仏教においては、近代西洋の考え方の根本となる一切の二分法は、意味を失ってしまう。そして、西洋においては明確に区分されている認識論と存在論が、仏教では一つに考えられている。つまり今日、西洋においては哲学、神学、心理学と分けられている区分が、仏教では一つのことになっているのである。

「型」を身につける

では、なぜ仏教ではこのような概念が成立したのであろうか。仏教には多くの派が存在し、また時代によっても教えが異なるので大まかに論じることしかできないが、それはおそらく、仏教が中国に渡ってきたときに道教の影響を受けたことがあり、その主張の根本に、「自性が無い」という考え方があるからである。

そこでは、西洋人の大事にする個々のものの「本質」は存在しない、とされる。このような考えが生まれてくる思考過程を簡単に言うならば、「自」と「他」など、それぞれの存在物の区別を一切否定する心の動きを推し進め、この世の全ての事象は「存在」としか言いようのない、名前も付けることのできない有り様に帰していくことになる。その有り様は、名前が付けられないという意味から、「無」とか「空」などと呼ばれることもある。

このような存在は、華厳経《けごんきよう》、つまり華厳の表現を用いれば、この世のそれぞれの生物あるいは事物として「挙体性起」しているわけである。つまり、〝ここに「河合」が存在している〟と考えるのではなく、〝存在が性起してここに「河合」している〟と考えるのである。

つまり、それぞれの人間を考える際に、基礎としてまったく「自性」のない「存在」そのものを考えているのである。みな出発点は絶対的に同じである。したがってその際、「存在」が個々の事物へと性起してくるならば、その際に存在が理想的な「型」を身に着けてくるのが良いのではないか、という考えが生まれる。日本のあらゆる技芸において「型」を重要視する傾向につながっていくのである。簡単に言えば、どのような人間でも、型さえ身に着ければその道の達人になれるというわけである。

この「型」を練習する行為は、誰にでもできるという意味において「易行《いぎょう》」と呼ばれたりした。文字通り〝するのが易しい〟という意味である。だが、易行と呼ばれているわりには、実際に練習してみると非常に苦しい場合もある。たとえば日本でテニスを習う場合、実戦のテニスの打ち合いよりも、ラケットの握り方や素振りの型を大変重要視されることが多い。その結果、「型」は美しいが、実力的には弱い選手が出来あがってしまったりするのである。

「易行」精神の作用

以上のように、日本が西洋の文明に接し、急激に取り入れようとしたときに、「易行」の考えを知らず知らずのうちに持ったまま行おうとした。これが、日本の民主主義教育の本当の背景と言えよう。西洋の文明を早く取り入れるためには「教育」が大切である。そう考えて、教育に力を入れ、西洋の「型」を早く身に着けさせようとするようになったのである。

特に敗戦後はこの傾向がますます強くなった。西洋の文明を早く取り入れようとするうえで、古来からの易行の精神が強く作用してきた。

これは戦後の教育を考える上で、戦前の社会に存在した日本的な「身分」を壊すことが民主的教育である、と強く認識されたからでもある。日本人は個人の能力差で苦労する前に、身分差が重くのしかかっていた。それゆえに教育の上でも身分の差をなくし、「みなが平等」という考え方が浸透したのである。これは、戦後の社会を考えると非常に有意義であった。

ただ、戦前の教育には残っていた個人差の考えは多分に昔風の「身分差」からくるものであった。そのため、この身分差を取り払うと、個人の能力差はまったく考慮されなくなってしまった。そして人はみな平等であるという精神のもと、建前として、全ての人間は努力さえすれば何でもマスターできるはずである、という考えが日本の教育界を支配してしまったのである。

勉強の不得意な子どもに対して、親や先生は「辛《つら》いのなら、自分のペースでゆっくりやりなさい」とアドバイスするのではなく、「あなたが怠けているからだ。もっと努力をしなさい」と叱《しか》ってきた。得意な子どもも不得意な子どもも、それぞれが自分の個性を発揮して、自分の好きなことができる環境が形成されてこなかった。そして、日本では教科書にしても、それを教える方法も、できる限り画一的で同質にすることが民主的である、と考えられてきたのである。

でも、考えてもみて欲しい。誰もが猛練習をすればプロ野球の選手になれるものだろうか。数学の得意な人と苦手な人とでは、問題を解くスピードも違えば、理解力も違うはずである。先生が皆に同じ説明をしても生徒がそれをマスターできるかは、生徒自身の理解力の有無によるものである。

「飛び級」「落第」制度

この点、欧米における個々の能力に合わせた教育の一端を示すのが、「飛び級」や「落第」制度である。

私自身、スイスで家族と暮らしたときのことである。私の子どもは、スイスの幼稚園に通っていた。そのとき、スイスでは小学校から幼稚園に落第してくるということを知った私は、非常に驚いたものである。私はスイスの幼稚園の先生に「日本では小学校から幼稚園に落第させることは絶対にない」と言うと、その先生は「日本では、そんな不親切な教育をしていていいのか」と言った。つまり、スイスでは小学校一年生の中で、できない子は幼稚園に入れることが親切である、と考えられているのである。

また、私がアメリカの大学院に学んでいた折りに、授業料免除を申請した時のことである。日本の感覚では経済状態などを質問されるところである。だが、実際は申請書一枚を提出しただけですぐに許可が下りたのである。そこで、「経済状態は考慮しないのか」と尋ねたら、「お金がなくて勉強のできない人はこなくてもいい」という答えが返ってきた。授業内容が難しく、授業料免除資格の点数が取れなければもっとやさしい大学に行くか、さもなくばお金を払って勉強しろ、というわけである。

こうした考えは、日本では差別だと捉《とら》えられる可能性がある。だが、個人の能力差を当然のことと認識しているアメリカ人にとっては差別でもなんでもなく、あたりまえの感覚なのである。もしこうした「差別」がいやならば、一生懸命勉強し、仕事をして富を蓄えればいいのである。

ところが日本はその逆である。スイスの落第制度に比較すれば、日本の学校では一年生の中でできない子も、二年生に進級させるのが親切であると考えられている。そして、そうした日本的な〝親切〟のために、日本の大学では多くの人が次々に大学を卒業する状況になっているのである。このように、小学校、中学校、高等学校における教育とは、全体のレベルを落とさずに皆努力して頑張っていく、という姿勢が非常に強い。

こうした日本の教育が日本人全体の知識レベルを高くし、平均的な能力を高めるうえで大いに効果を上げたこともまた事実である。日本の教育者がアメリカを手本とした「民主教育」と思って行ってきたことの成果は、したがってむしろ東方思想によってもたらされたと言ってよいだろう。ただ、問題はこのようなことを意識している人が非常に少なかったことである。

日本の教育によって日本人の平均的学力が向上したことは、日本の戦後の経済復興に対しても大いに役立ったことも間違いない。そういう意味でも、東方思想が教育に大いに貢献したことを、我々は認める必要があるだろう。

「易行」式教育法といじめ

しかし、物事には全て表と裏の両面があるのも事実である。東方思想の著しいプラスの貢献の裏には、マイナス面が生じていることも考えなければならない。現代の日本においては、むしろ東方思想のマイナス面が意識されつつある状況にあるからである。

日本の勉強のやり方は、その昔の四書五経を寺子屋でみんなが習う、というパターンと今でも変わりはない。孔子や孟子がすでに言っていた「正しい」ことを「早く」勉強するという伝統があるわけである。今の日本の教育現場でも、「早いこと覚えたもの勝ち」という風潮がある。しかし、もうこのままでは国際社会に通用しなくなってきた。先ほど触れた「易行」式の教育法にしても、全体のレベルを上げるという意味では効果を発揮するが、子どもの一人一人の個性を伸ばすということにおいては、逆の作用を及ぼす。

このことは現在の日本において、多くの不登校生を生み出す一つの要因になっている、と言っても差し支えないだろう。個性的な子どもは、画一的で平均的な日本の学校教育に馴染《なじ》みにくい。そのために不登校生になったり、あるいは学校の全体的傾向と異なるが故《ゆえ》にいじめの対象となることもある。

実際、私は、心理療法家、サイコセラピストであるが故に、いじめられた子とか不登校の子どもに実際に接する機会が多い。それだけに、「易行」式の教育法が持っているマイナス面に関しては、ある程度の実感を持っている。たとえば、ある非常に独創的な子どもが、面白い考えを発表した。だが、その考えが先生の教えたことではない〝違った〟考えだとすると、かえってその子どもは先生に叱られたり、あるいはあとでクラスの子ども全体から「おまえは変わっている」といじめられるのである。

また、別の例としてアメリカに三年ほど住んでいた高校生が日本へ帰国した時の話もある。その子が日本の高等学校に通うようになると、当然英語の時間にはその子どもだけ立派な英語の発音をすることになるのだが、問題は先生が日本式英語の発音をしていることにある。その子は日本式英語の発音をおかしいと思い、即座に本当の英語の発音をする。だがそうした指摘があだとなり、その子は、仲間から「変ジャパ」、つまり変なジャパニーズというあだ名を付けられていじめられるようになってしまったのである。

全ての子どもが努力さえすればよい成績を取れるはずだ、という建前は、子どもたちに努力することの大切さを教える点ではよいことである。だが、それが強くなりすぎると子どもたちに対する圧力が高まり、不登校や心身症などの症状が子どもたちに増える結果を招くことになろう。

さらに、個性的な子どもに不適合な教育の弊害が初等教育以上に深刻になるのが、高等教育の段階である。他から教えられたことは素早く身に着けることができるが、自分の考えに基づいて何かを見いだしたり研究したりする能力は著しく劣るからである。

日本人の学力を世界の他の国と比較すると、高等学校までは非常に高いレベルの値を示す。が、大学生や研究者の能力という点で比較してみると、俄然低くなってしまうのである。実際、優れて創造性の高い研究者が日本の大学にいづらくなり、どこか外国へ飛び出すという現象は、わりに多く見られる。絶対的平等の意識が作用して、みんなと同じことをしている分にはいいが、一人だけクリエイティブな仕事をしているのは利己主義だと捉えられるためだ。アメリカでは、大学の中に傑出した業績を残した研究者がいれば、特別に高いサラリーを支給するケースも多いが、日本ではこうしたことはまず考えられない。

アメリカの教育

創造性の高い「個人」を育てていくうえでは、日本の教育のあり方は、むしろマイナス面が非常に多い。人よりも能力があり、頭が抜きんでた存在は、日本のシステムの中では他人に足を引っ張られ、嫌われるからである。それよりはむしろ日本では、ある程度過去の人々が積み上げてきたことをうまく実用化する、秀才タイプのほうが多くなるわけである。

そういう意味では、やはり日本は歴史的に農耕社会であり、かつ仏教的な平等性を重んじてきたのである。昔からよく言われている「隣百姓」という言葉に表れている通り、基本的に隣近所と同じことをしていればよく、全体に降りかかってきた災害に対してはみなで助け合うが、一人変わったことを始めるのは歓迎しない。そういうものが作用して、「安全である半面、クリエイティブではない」生き方が浸透したのである。

だが、今後の創造性の開発による社会の活性化のうえで、日本もある程度教育に欧米の能力主義的なシステムを取り入れる必要が出てくるだろう。では今後具体的に、日本の社会と教育システムの中に、欧米のシステムをどのように取り入れていくべきだろうか。

アメリカの教育現場では、中学生や高校生の段階から競争が行なわれている。それは、日本よりも熾烈《しれつ》である。下世話な話であるが、競争意識は男女の付き合いにまで現れている。人気のある男の子は大勢の女の子から声をかけられるが、人気のない子どもは全く声がかからない。また、アメリカでは金曜日になってガールフレンドに、明日遊びに来いと誘っても必ず断られるものである。女の子には月曜日から週末のデートの約束が入り、金曜日にはあぶれた男女しかいないからである。

アメリカでは、このように小学生、中学生の時分からあらゆる事柄に競争が繰り広げられる。民主主義の国だから競争がない、と考えるのは間違いである。日本の子どもたちは、こうした熾烈な競争社会は体験しえないだろう。

ドイツのマイスター制度

それに比較して、ヨーロッパの場合はアメリカほど過酷な競争はない。長い歴史の中で構築されてきた社会のシステムは安定している。自由主義は競争社会であるという「理論は」承知していても、現実社会が理論通りいかないこともわかっている。アメリカの自由主義はヨーロッパ自由主義の先端の実験である、という表現もできよう。ヨーロッパの社会の特徴は、ドイツのマイスター制度に見られる通り、世の中にある程度「枠」を整え、そこにある程度、人間をうまく振り分けていくところにあるといえる。

ドイツのマイスター制度とは、ある年齢に達すると専門的な職業学校に入学し、そこでマイスターと呼ばれる開業資格を得るシステムである。例えば食肉店を経営しようと思っても、食肉店のマイスターにならなければ開業できない。

また、たとえマイスターを得たとしても即開業できるわけではない。マイスター一人につき、人口の何人をカバーするのか、そのテリトリーが規定されている。開業したいと思っても、テリトリーを競合するような場合、新規参入ができないのである。つまり、マイスターは社会的に完全に保護されている。そのため、マイスターは他人に頭を下げる必要もなく、悠々と商売ができることになる。ドイツでは皆が一定の年齢になると、それぞれ専門学校に通う段階で完全に職業が振り分けられる。あくせく働かなくとも、各人が職を失うことなく生活していけるのである。

一見、こうしたシステムは競争原理と異なるようにも思われるが、マイスター制は逆に、自分の仕事は自分で守る、という意識に繋《つな》がっている。例えば分析家になるための試験は、非常に難しい。分析家の枠は限られており、問題が易しく合格する人間が増えれば、現職の分析家が困るからである。

それはやはり一種の競争社会である。自分たちのグループの利権は保護し、外部の人間と争うのである。そして、利権を守る一方で仕事以外の時間を確保し、空いた時間に遊んだり教会へ出掛けていく。仕事の時間とそうでない時間を明確に区別している。日曜日はキリスト教では安息日であり、働いてはいけない日である。だから日曜日になれば、家族そろってきれいな服を着て教会へ出掛けるのである。

新しい教育法

日本人の場合、その点プライベートも仕事も一緒であり、休日もお構いなしである。また、マイスター制のような保護された利権もない。いつ、隣の家が食肉店になるとも限らないし、また食肉店側も一斉に安売りセールを行なう。これも競争社会ではあるのだけれども、ヨーロッパとルールが異なるのである。日本人がエコノミックアニマルと呼ばれ、ヨーロッパ人に嫌われるのは、ヨーロッパの自由競争のルールを破るからである。現在、日本を含めた東アジアの途上国の自由競争は、「なんでもあり」という図式になっている。まだ日本はヨーロッパ型の成熟したビジネス社会になってはいないとも言える。

ただ、日本から見れば、マイスター制度のようなあり方は「利己主義」と言われる。つまり、日本はあくまでも日本的な民主主義なのである。この点をわれわれは理解しなければなるまい。

そして、何度も繰り返すように、それは全《すべ》て悪いことではない。日本には日本の良さがある。日本は犯罪が少なく、雇用率が高い。能力のない人も、平均的な月給をもらうことが出来る。人材をうまく日本の企業は抱えているという言い方ができる。

日本人は、自分のことを仏教徒と思ってはいない。しかし、その生きざまを見れば、みんな仏教徒的に生きているのである。企業という共同体の中でいかに個を発揮していくかがいま問われている半面、あまりにも自由度を高くして規律を乱すわけにはいかないのだが、そうしたバランスの取り方が、日本とアメリカ、ヨーロッパでは異なるのである。

だから、個性を重視する教育を進める上で欧米のやり方をさらに取り入れていくことが大切ではあるが、それは欧米のやり方を完全に真似《まね》することにはならない。近年の日本の状況を眺めて悲観的な態度を取り、日本のシステムがだめだからアメリカの真似をしなければいけない、という考え方とは根本的に違う。それは、日本人が進めてきた東方思想の影響の強い民主教育の長所を認めた上で、欧米のやり方を融合させることである。

理想的には、日本はアメリカの真似をすると共に、アメリカも日本の真似をするという姿が望ましい。日本が絶対的に素晴らしいというわけではなく、アメリカ人も日本的なものを知っておくべきだ、という意である。今後の社会では、両立しがたい概念を両立させていくことが必要になってくると思われるからである。

「身分」意識を排す

現実的にも今まで述べたようなアメリカやヨーロッパの社会システムや教育システムをそのまま真似するのは無理があるだろう。では、日本が新しい教育法を考える上で、何を意識していかなければならないのか。

それは、日本人の平等主義が、感覚としての「身分」を引きずっていることに皆が気づくことである。できる人は身分が高くなり、できない人は身分が低くなるのではない。能力差は認めるが、平等観を狂わせないという人生観を、日本人が持つようにしなければならない。

日本の教育は日本人の問題であって、教育システムの問題ではないのである。欧米のシステムを真似して試験方法を変えたとしても、大学を卒業すること、東大を卒業することが身分やステータスであると思っているうちは駄目なのである。東大を出ている人と、大学を出ていない人が感覚的に平等と思えることが大事なのである。それを実現するには、単にシステムの問題をこえて、日本人のものの考え方自体を変えていくという相当な決意が要る。

江戸時代の士農工商制度を崩す際、明治政府は新たな身分制度を設けた。学歴社会という制度を明治政府はつくったのである。これは、ヨーロッパの身分制度とは性質が異なる。ヨーロッパの場合は階級が移動できるわけである。労働者の階級の人間も、稼いで資本家になれば、資本家の階級に入ることができる。その逆に、江戸時代の日本は一生身分が決まっていたのである。

それを明治になって、一生決まった身分を廃する代わりに学歴というものを置いたのである。その慣習が今の時代にも引き継がれる。昔なら、陸軍士官学校を出れば、何番で出たか席次が一生つきまとうのである。

日本人は能力差の観念がないので、順番がつけられなかった。身分を残したのはそのためである。身分は決まっていないと、ある面で安心ができないのである。だから昔は長幼序ありという運命的な要素によって序列を決定していた。それが民主教育のもとに能力という考え方に移行するわけであるが、日本人はまだ完全に能力で人を評価するに至っていない。妙な部分で身分を要所要所につくるわけである。

現代において大学へ行くのも身分を獲得するためである。つまり、能力を獲得するためではなく、身分の獲得が大学の目的であるところに問題がある。個性を重視した教育のために入試制度の是非がいろいろ言われているが、日本の親が自分の子が東大へ入ることが一番と思っている限り、変わりはしない。大学は身分獲得のために入学するものではなく、自分の能力を高めるために行くものである。身分的な感覚を払拭《ふっしょく》しないかぎり、日本に能力主義は根づかないであろう。

フランスの場合、小学校を六年間で卒業するのは三分の一程度に過ぎない、落第する生徒の方が多いのである。アメリカにしても、できる生徒に対しては先生がどんどん難しい問題を出していく。ゆっくり問題が出されるできない子と、次々に飛び級をするできる子の格差が開いていく。

だが、こうした一見不公平に見える教育は一方で、できようができまいが平等である、という思想に基づいている。この部分が非常に大事な点である。アメリカの大学は一年から二年に進級する際に自動的に半数が落とされる代わりに、落第した生徒に対してレベルの易しい大学も紹介している。A大学からB大学、さらにB大学からC大学へ行くこともあるだろう。だが、C大学で優秀な成績を収めれば、B大学、A大学と再びランクアップが可能なのである。

つまり、すべての人間に対して、チャンスが平等に与えられるのがアメリカの民主教育なのである。そこでは「敗者復活」も頻繁に行なわれる。「出身大学」が身分化する日本の民主教育と、この点が根本的に違う。

また、フランスにしてもアメリカにしても、教育を一つの投資である、という考え方がなされている。大学には勉強が好きで、行きたい人間だけがいけばいい。勉強が嫌いで無理に大学を卒業したところで、エネルギーとお金を投資した割に儲《もう》からないのであれば、もっと自分の好きなことで儲けようとするのである。ところが日本は身分が心理の奥底に潜んでいるだけに、こうした考え方はできない。身分を獲得するような気持ちで大学に行く。

責任感覚の導入を

もう一つ、日本の教育を考える上でわれわれに必要な意識は責任感覚である。

日本では、たとえば会社の社長が案件をトップダウン式に決定すればワンマンと揶《や》揄《ゆ》されることが多いが、アメリカでは日常茶飯事である。大学の入試にしても同様で、教授が大学院生の入学に際して強い推薦ができる。教授の権限は強いのだが、もしその教授が入学させた学生が伸びなければ、教授の名声は落ちていく。教授は必死になって質の高い学生を入学させようと努力することになる。

その点、日本では生徒の質を客観的に評価しようとするあまり、数字にこだわる。入試では一点でも良い得点を獲得した者を入学させることになる。それゆえ、その学生にほんとうに能力が備わっているかはわからないのである。客観的に厳しく選別しているようで、本物の選抜は行なわれていないのである。

日本では、トップダウン方式で決めることは、非民主的であるという認識がある。しかし、日本で言う民主主義国と言われる国々は、大半がこうした考え方である。もし現在よりも個人や個性を重視する教育に変えていかねばならないとすれば、教育の現場に欧米のような責任感覚を導入することは重要である。

そういう点から考えてみると、日本の教育の個性重視主義は、企業の側から導入される可能性がある。

今まで日本の企業は、東方思想的な平等主義、すなわち終身雇用制の中にあった。本人が能力のないことを自覚していたとしても、給料は他人と差が付くわけではなく、建前でも仲間からよくやっていると褒められればそのまま問題は放置されることになる。だが一度何か問題が起これば、本人も潰《つぶ》れてしまうし、会社が損害を受ける。こうしたことは今までにもよく起こってきたのである。

中でも特に問題なのが、たとえ能力がない社員が職場の中にいて、皆が承知していても、そのことを厳しく告げる人間が非難されてしまうことである。仕事の能率が悪い社員に月給を減額することを申し渡すと、必ずそうした社員の間から運動が起こり、「わが社は民主的な会社ではない」と非難を始めるのである。そういう運動が起これば会社側としても損であるため、問題に蓋《ふた》をして放置することになる。

こうした状況は、社員一人一人が能力差を本当に了解していないことによって生じる。その点、言葉では能力差ということを理解していながら、わが子を東大に入学させようとする日本の親と気持ちは同じである。

だが、今の企業においては、そうした建前主義的な部分が通用しなくなっている。バブルが崩壊して不況を迎え、リストラを推進し、能力主義を定着させようとするなかで、これからは企業社会でも誰かが本音を言わなければならない。そうした改革が今、企業で必要とされているのである。経済成長の時代では、日本の銀行などはかなりの余剰人員を抱えることもできた。しかし国際化、自由化の波が進みバブルが崩壊すると、人件費を縮小する必要が出てきたのである。

変化への期待

日本的な新しい能力主義がビジネスの世界から出現するのではないかと考えられるのは、まさに企業人が今、各人の能力差を認識しなければならない時代を迎えているからである。そうしなければ、企業は立ち行かない状況にある。そうした企業から始まった意識改革が、徐々に教育に浸透していく形になるのではないだろうか。

事実、近年企業の新卒採用に関しては、学歴や学閥の見直しが進められている。ソニーは学生の応募の際、学校の名前を伏せさせている。教育に対する考え方が変化することへの期待は、こうした状況から生まれてくるだろう。

今までの日本の教育現場においては、研究者が大学で身分を獲得すると、それを守るための「守りの学問」になりがちであった。思い切ったアイデアを出しても、周囲からは叩《たた》かれる。それよりも、欧米の文献を読破して間違いのない結論を発表しがちである。これはまさに「隣学者」である。

だが、日本の大学の現場においても、最近は若い学者を中心に、それぞれが自分の好きな、国際的な学問を自由に追求する雰囲気が生まれつつある。私はそうした学問を「攻めの学問」と称している。徐々にではあるが、日本の教育界にも楽しみな動きが生まれてきているのである。

（一九九七年二月十三日、『東洋思想の知恵』ＰＨＰ研究所所収、「東西融合による新しい教育」改題）

Ⅱ　いじめと不登校

不登校　明るく悩むために　vs. 奥地圭子

――きょうは不登校、登校拒否の問題を主なテーマに取り上げながら学校の問題を考えていきたいと思います。中学生ではすでに一%を超える子どもが登校を拒否、潜在的にはこの数倍の子どもたちが学校に行きたくないと思っていることでしょう。学校はすでに子どもたちにとって生き生きできる場所ではなくなってきています。この問題は、もはや一部の子どもや学校の問題であることを越えて、日本の学校システム全体を問うています。

大事なのはこじらせないこと

河合　学校へ行かない子の問題はすごく複雑で、また深くもある。そう簡単にだれが悪いなんていう単純な議論にはならないのです。しかし、社会的には次第に学校へ行かない、行けない自由が、子どもにだいぶ保障されてきたようで、これはとてもいいことだと思っています。私なんかもこういう方法があると知ってたら行かなかったかもしれない（笑）。

時には、学校へ行かずにサボッて、ボーッとものを考えたりという時間は、案外意味もあるんです。昔は病気があったから、ちょうどよいころに病気になれた（笑）。このごろは病気が少なくなっていますから、なかなか簡単にそういう時間をもてない。それと昔は親も学校ももっと怖くて、病気でもなければ休めなかった。ですからそういう休みの時期を子どもなりにもてるようになったということは、いい、プラスの面もあるのです。これが非常にいい、なんていう気はぜんぜんありませんよ（笑）。

しかしそちら側も見逃さないようにして議論を進めないと、躍起になって、われわれが頑張ったら登校拒否は「撲滅できる」というやり方をすると、二重の問題を起こすのです。ある程度の内的な必然性をもって休んでいるのですから、それも尊重してやらなければいけないということです。

私が考えているのは、日本の従来からの文化は、何となくみんな一体感に包まれて、学校であれ、学級であれ、家であれ、渾然《こんぜん》一体として、欧米のような個を主張できない世界観でやってきた。それを「家庭的」と称していたんです。ところが、このごろ子どもたちは、個ということがわかりかけてきた。でも、まだそういう伝統が社会的にありませんから、それをどのように伸ばし、主張したらいいのかわからない。学校でやっていることは何かおかしい、自分の思いとは何か違うというところで、その子たちは次へ進めない。そういうところで学校へ行かなくなっている子がずいぶん多いのではないかとみています。

臨床家として学校へ行かない子に会って話をしていますが、なかなかすばらしい人間になっていく子が多いですね。学校で五年ぐらい遅れても、いま自立して、すばらしい人になっている人がだいぶいますよ。

奥地　私はまず親として、登校拒否の子どもの体験をもっているんです。そしていまは「東京シューレ」という、学校に行かない子どもたちが自由に通ってくる場で二百人ぐらいの子どもたちとお付き合いがあり、それから登校拒否の親の会などでも十年来のお付き合いがあります。その経験からいいますと、世の中では、学校へ行くのがあたりまえなのに行かれないのは困った子だとか、落ちこぼれだとか、将来がないのではないかとか見ているようですが、登校拒否の期間をもったそれらの子にとっては、実はほとんどの場合、こじらせなければ、それが大切な意味をもって成長しているのだということをつくづくと感じます。

プラスにも見ていこうというさっきのお話に、まったく賛成です。学校に行かないことを子どもはいろいろな表現の仕方をします。学校へ行くと自分が自分でなくなるような気がするとか、エスカレーターに乗せられてどこかに運ばれている気がする、透明なバリアに囲まれている気がする、それから学校に行くと小さな自分がちょこんと座ってて、うちに帰ったら普通の大きさになるとか（笑）、それなりにすばらしい表現をする。子どもによってはいまの学校空間をそう感じるときがあるということは、もともと教師として息苦しさを感じた私には十分理解できます。

そのことをただ「ダメ」といって否定してしまうのではなくて、自分と学校との関係に何かのマイナスが出てきたとき、無理して学校へ行くことでそれを乗り越えようとしないで、行かないことも引き受けて、行かない時期があってもいいとか、行かない自分もあっていいとか、そういう期間をゆっくりもって自分に合った成長の仕方、道を見つけるということをやっていくと、長い目でみて、そのことがすばらしいプラスになって、深い自立を遂げていく、そう思います。

世間ではどうしても否定的にみるし、親も真っ暗な気持ちになって、「治そう」と躍起になって施設に入れたり、病院に入れたりしますが、そんなふうにこじらせるから、逆に子どもを苦しめ、追い詰めてしまうのです。

バッターボックスの選手のごとく

河合　こじらせないというのは、ほんとにその通りだと思います。こじれてしまうと、学校へ行かなかったこと自体でなくて、そのこじれを治すのが大変なんです。そのこじれがどうして生じるかというと、おまえは悪い子だとか、いけない子だとか、将来はないだろうとか断定することから生じます。

実は本人も自分でもうひとつわけがわからないから、だいたい強い自責の念をもっているんです。どうして自分はこんなダメな人間なのだろうと思う反面、どうもおかしいとも思っている。そのうちのダメなんだろうという方ばかり親や教師が強化しますと、ほんとうに自分はダメな人間だと思ってしまう。そうすると、ある期間を越えて戻っていこうというときに、そのこじれを治すことにすごい時間がかかるということになります。とても残念に思います。

そうしたときに、居場所があるというのはいいことなんです。居場所がちゃんとあると、そこにいて自分で悩む。でもこれは非常にむずかしいことで、私たちの言っていることを単純にとらえると、それなら放っておけばいいと思う人がいますが、放っておくのはダメなのです。放っておかれたというのは居場所がないということです。このごろよく「登校刺激を与えない」という表現が流行《はや》りまして、だいたい言葉というのは流行るとろくなことない（笑）。「登校刺激を与えない」というカッコのええ言葉で親は何をしているかというと、放っておくわけです。先生もみんな放っておく。そうすると、おれは放っておかれたということになる。自分はダメだからみんなから見捨てられたと思う。それはすごいキズを残します。居場所があるということは、居場所を確保している人がいるわけで、奥地さんもそのひとりですが、親がちゃんと見てくれているかいないかが決定的なことです。

しかし、言うのは簡単ですけど、いちばんむずかしいことかもしれません。関心があったら何か言いたくなるんですよ、「おまえ行け」とか「なんで行かなんのや」とか。関心をもって見守るというのは、スポーツの大選手がバッターボックスへ立って球を見ているようなもの（笑）。リラックスしている。私ら素人《しろうと》がリラックスしたら腕が振れませんからダメですが、大選手は球がくると即座にパッと振れる。片方ではリラックスしていながら、一方ではすごく緊張もしているのです。関心をもって見守るというのは、そのくらいむずかしいことなんです。

奥地　関心をもって見守るのがなぜむずかしいかというと、教育しなければならないと教師や親が強く思っているからです。本人に任せておく、本人自身が自分の力でやってみる、自分の力で育つ力をもっているということが認められなくて、何か手を下さないとうまく育たないのではないかという、一種強迫観念のような思いにかられてしまうのですね。

河合　それは教師も親も不安だからですね。

奥地　そうです。いま一億教育社会というか、学校化社会になっているので、ほかの子がやっている、うちの子はやってないというと、うちの子はうちの子、と思えばいいのに、遅れるとか、伸びが遅いとか、つい不安にかられてしまうでしょう。私たちは〝学校信仰〟といっているのですが、学校へ行かせたり、勉強させたりしないと社会を渡れないと、いつの間にか思い込まされているのですね。

社会意識というのは、中に生きている人間にはなかなか気がつかないもので、戦前天皇制が鼓舞されていたときには、「戦争反対」なんてとても言い出しにくい状況だったことが一つの例だと思いますが、現代社会の中で生きている私たち自身も、〝学校信仰〟や〝教育信仰〟には気づきにくくなっているのではないでしょうか。

私自身は実はわが子の登校拒否でそれに気がつかされたのです。

私は元小学校の教師で、二十二年間、学校にいました。いまの学校は子どもが主人公じゃないと、批判の目をもちながら、それなりに工夫をして良心的にやっていたつもりでした。でも、それがまったく学校信仰の上に成り立っていたことには気がつかなかった。一生懸命楽しい授業をとか、わかる授業をとか、子どもの立場に立ってとかと、主観的には思っていたのです。

わが子の登校拒否は二十年前ですが、まわりにもまだほとんどいないし、自分の学校にもいないというときでした。たまたま転居して千葉の学校に転校したら、その前には学校が好きだったのに、転校生へのイジメやからかい、それと先生のやり方が東京などと比べたら格段に管理的だったことなどが重なって、登校拒否を始めたんです。

最初は私自身の学校信仰が見えないですから、どうやったら学校へ行くのかと、一生懸命励まして、ソフトな強制をやりましたよ（笑）。「きょうは休んでいい、でもあしたは行けるでしょう?」とか、「来月は遠足があるからね」とか。それでだんだん追い詰めて拒食症にしてしまったんです。そのときにたまたま渡辺位《たかし》さんという精神科医との出会いがあって、本人がぶつかっていた壁というのが、自分と学校の関係の問題だということがわかり、サーッと拒食症が治りました。

そのとき私たち夫婦が思い知らされたのは、これだけ頭が痛い、お腹《なか》が痛い、熱が出る、いろんな苦しい状態を全身で訴えていたのに、私たちが色メガネで見ていたためにそれが見えなかったということです。子どもは学校へ行ってあたりまえだ、行かないのは弱いんじゃないか、仮病使っているんじゃないかと思っていたものですから、受け止められなくて追いつめてしまった。何という色メガネかけていたんだろうとハッと気づかされた。

三人きょうだいなんですが、下二人は、私たちがそういう夫婦としての価値観の変革を迫られたあとでしたから、その後、学校へ行かなくなったり、行けなくなったりしましたけれど、それを受け止めてやっていたら、まるっきりこじれないで、二人とも大変元気で、むしろ学校に行かないで自分のやりたいことを思いっきりやっていく時間をもって成長しました。それがまた、とても自然なのです。

情報化時代の親子

河合 いやあ、よい体験をされましたねえ。

奥地 大人って子どもから教えられないとできないですね。

河合 絶対そうですね。子どもに教えてもらわないとできません。子どもが必死になってぶつかってくるからこっちもわかるのです。臨床家ができるのはほんとにこじれないようにということだけですね。

奥地 こじれた例としては、ものすごい劣等感をもってしまって人に会えないとか、家族に対して暴力を出さざるをえないぐらいつらくなってしまうとか、神経症とか、いろいろなことがありますね。その陰には、子どもの叫びをまわりが受け止めきれなくて、「こうするべきじゃないの、これじゃダメでしょ」みたいな建前で迫っていたり、最近は親が知識で登校刺激を与えないほうがいいと知っていますから、何も言わないけれど、無言で圧力をかけたりしている。

河合　何も言わなくても、無言の刺激を与えている親はいっぱいいます。

奥地　それは多い。登校刺激を与えないというお話も、昔はあまり情報がなかったために、苦しみに苦しんで自分で子どもへの対し方を見つけざるをえなかった。こうやったら子どもとおかしくなったとか、子どもが親に不信感をもってしまったとか、非常に荒れたとかいうのを親の会の人々の体験を通じて知って、親が態度を変えていったり、肌で身につけていったのです。ところが最近は、私たちにもちょっと責任があるとは思うのですが、情報がたくさんありますから、登校刺激を与えちゃダメと、そういうことを頭の先だけで受け止められると、うちは言っていないのに子どもがよくないとか、子どもからいうと、うちのお母さんはわかっているふりをしている、ということになる。お母さんは味方なのか敵なのかわからないという電話などがかかってきます（笑）。情報化社会における登校拒否といった変化を感じます。

河合　情報というのはすごく気をつけないといけない。ある店で普通なら百円のものが九十円で売っている、これは一つの情報です。それはそこへ行って買えば十円安くなる。そういうときはそのことが正確に伝わったらいいのですが、親と子の場合は買物と違う（笑）。人間と人間の心が何ともいえない絡《から》み合いをするわけですから、その絡み合いのなかで、実際に動くのはお父さん、お母さん、子どもの心ですから、これは情報によっては変わらないのです。

いま情報社会ということで、早くよい情報をキャッチすれば得をすると思っておられるが、この場合は情報をキャッチするのではなくて、自分が方法を生み出さなければならない。何かいい方法があって、それを早く知ろうと皆さんは思われるでしょうが、いい方法などはないんです。

だから、親はいつも、「先生、どんな方法があるんですか」と聞くから、私は「さあ、わかりませんねえ」と言うんですよ（笑）。

奥地　ハウ・ツーを求める人は、子どものことをじかに感じるというか、共感するということがしにくくなっているのではないかと思います。

河合　私らがものを操作していろいろなことができるようになりましたから、上手に物事を知っているほど機械でも操作できる。そのパターンを子どもにもしようと思うんでしょうね。だから「子どもをどのように取り扱ったらよろしいですか」といわれる。ものじゃないんだから、取り扱いはできないんです（笑）。老人対策とか、非行少年対策とかいうけど、まだ教育委員会対策とか文部省対策とかいわれてきたことがない（笑）。自分はいいほうにいて、悪いヤツを対策によってよくしてやろうというやり方は成功したためしがない。

奥地　あれはたまらないですね。よく本や学校関係の専門家のご指導のなかに、あなたの問題を解決してあげる、あなたの子を救ってあげますという対応がすごく多い。私も子どものことをどうしていいかわからないとき、本屋さん、図書館の本を読みまくりましたよ。その中で救ってあげるといったことを書かれているのに出会ったときには、何ともいえないつらいものを感じました。そのことで信頼ができるかというと、決して信頼感はわかない。安心できないんです。

　さっき居場所とおっしゃいましたが、居場所というのはほんとうの意味で安心できるところなんです。あなたを指導してあげます。あなたを救ってあげます、こうなりなさい、いやこうしちゃダメですといった目が絶えずあるところでは、居場所にはならない。まず自分が自分であっていいんだ、ここでまずありのままの自分を出していいということがいちばん大事で、そのうえで、いろいろな子と出会ったり、いろいろなことを経験したりして、伸びていく。

河合 いま言われたことからいうと、学校がもうちょっと頑張って子どもの居場所になってほしいということになってきますね。学校も居場所でない、家も居場所でないとなったら、子どもはほんとに居場所がない。

学校の先生でも、極端なことを考える人がいる。学校は教えるからダメなんだ、なるべく教えずに、子どもの自主性を尊重しなければと考え過ぎると、今度は放っておくことになってしまう。そうすると父母が攻撃してくる。学校で物事を教えてくれないからうちの子は悪くなる、とか。だから、父母も納得しているし、先生も納得しているという格好で、学校を居場所にするにはどうしたらいいか、これは十分に考えるべきことだと思います。

上手に振り回されること

――今、保健室が子どもの居場所になっているといわれますね。

奥地 保健室は子どもを評価しないでしょう。成績をつけたり、これをいつまでにやらなければいけないといって勉強を押しつけたりしない。いまのところ保健室が学校のなかでいちばんいやすいといっている子たちは多いですね。

河合　そのかわりにまたむずかしいことが起こって、養護の先生のところにベタベタひっついて、あいつら怠けているとか、甘えているとか、外からも教師の中からも攻撃されたりする。だから養護の先生はすごく苦労しておられます。

保健室の先生と担任の先生、またそこにわれわれカウンセラーが嚙《か》んでいればカウンセラー、あるいは校長先生、親、この中に非常な対立関係が起こることが多いんです。子どものなかにはなかなかそういうことが上手な子がいて、担任の先生には「僕こう思っとったんやけど、保健の先生こう言わはった」とかなんとかいい(笑)、保健の先生には「担任の先生がこう言わはるのや」といったり、うまいこと言うから、お互い同士喧嘩《けんか》になることがある。

私はよく仲裁役に入るんですが、そのときに言うんです。先生方が必死になって喧嘩しておられるその戦いは、生徒の心のなかに起こっている戦いです、と。子どもは心のなかで、ほんとうはここにいようかとか、やっぱり向こうへ行ったほうがいいのとちがうだろうかとか、自分であまり戦いが大きすぎて持ちにくい子は、外に喧嘩させるのです。だから、その子の身代わりになって喧嘩していると思うと、喧嘩していてもちょっと楽しいですよ（笑）。

だから、それは保健の先生が悪いというわけでもないし、担任や校長先生が悪いというわけでもないのです。こういうふうに大人がガチャガチャやることによって、子どもは見ていてそこからスッと立ち上がっていくのです。一人の子どもが変わっていくというのはすごく大変なことなのだと思います。登校拒否の場合もそうですが、非行少年といわれている子でも、むずかしい問題を抱えている子ほどまわりを喧嘩させます。

奥地　そうですね。たくさん振り回して、それでみごとに成長していく。

河合　それに私らは上手に振り回されてその子が立ち上がっていくのを待つので、まあ柔道みたいなものです（笑）。そのときに、下手な人ほど振り回されていることも知らんものだから、本気になって喧嘩する。熱心な先生ならだいたいそういう喧嘩しておられると思いますよ。

奥地　本気になってくれているということもすごく大事なんです。でも熱心な先生というのは、これこそが正しいというので突っ走り、ぜんぜんほかのことを考えてくれないというところがありますから、逆に熱心さでキズつけられてしまうということもありますね。

河合 熱心で謙虚でない人がいちばん近所迷惑だ（笑）。

なぜ先生は威張るのか

奥地 子どもたちがよく学校のことで言うのは、どうして先生たちはそんなに威張っているのかということですね。別に登校拒否の子だから学校の先生が全部いやというのではなくて、学校の先生は大好きだけど、登校拒否している子も結構います。「僕の先生はとってもいい先生だったよ」というので、どういう先生だったのと聞くと、いちばん返ってくる答えが、話をよく聞いてくれる先生。考え方とか指導力とかいうことよりも、よく話を聞いてくれた先生だというところが、子どもが学校のなかで先生に何を求めているかを示していると思います。

いまは親もそうですが、学校も忙しいうえに、指導するものだという意識があるから、子どもの話をよく聞いてみようとはなかなかならなくて、結論をどんどん出して、こうしなさい、ああしちゃダメです、こういう問題起こしたらこう謝りなさいというような対応が増えている。これも居場所にしていかないことになっているのではないか。

話を聞かないということはどういうことかというと、先生のほうが上という感じですよね。そうすると、とくに思春期の子どもなんかは人間同士じゃないか、と感じる。先生の威張った態度だけでもむかついたり、反発したりする。

東京シューレでは、子どもがスタッフを先生とは呼んでないんです。たとえば英語の先生だと「ユミちゃん」とか、私だったら「奥地さん」とか「圭子さん」とか、圭の字が土が二つなので「ドドちゃん」、人によっていろいろな呼び方をしている。ある子がその感覚で、学割をもらいに行ったときに、たまたま担任の先生を「○○さん」と呼んでしまったんです。そうしたら「お前は教師に対してさんづけするのか」とものすごく怒鳴られ、「あ、すみません」と謝ったが、学割証明書をもらえなかった。後に両親が学校に出向き、やっと手に入れるしまつでした。

河合　日本はいままで上下関係で居場所が決まっていたのです。いまでもだいたいそうです。官庁なんかへ行ったら、官報を見て、だれが先に係長になった、だれが課長になったと、みんな見る。僕は「一様序列性」と呼んでいるんですが、一様な序列のどこに位置するかということが自分の居場所だった。だから、自分が課長なのに下のヤツが偉そうに言い出したら自分の居場所がなくなるから、自分を防衛するためにそいつをやっつけなければいけない。個と個で居場所を決めるというのとはぜんぜんパターンが違うのです。

最近はその原理がものすごく変わってきた。そういうことがわかっていたら、なるほどと思うのですが、そうでないと、あの子どもは何となまいきな子か、世間の常識を心得ていない、となる。システムが変わりつつあるのです。

奥地　いまの時代の雰囲気が変わっているということを考えなければいけない。

河合　そういういろいろなことがわかる子には、私は教えます。「両方できなあかんよ」と。人間が人間として対等に付き合うと楽しいしおもしろいことだけど、日本の社会はそうでないところもあるから、それを心得ておく。だから私は「忍法自我隠し」といっているんです（笑）。

一方で、「河合さん」になったら対等だと思いながら、そこに妙な日本的なものが残っていると、何を言っても聞いてくれると思ってしまう。西洋の場合は個人主義が確立していますから、「河合さん」といったって、河合さん個人を尊重しなければならない。ところが、日本は「お母ちゃん」といったらお母ちゃんが全部してくれる。それと同じような意味で「河合さん」と思う子がいる。先生に対してもね。そうすると、日本の悪いところと西洋の悪いところと一緒になったような子ができてくる。それをやらさないためには、先生なんていう必要もないし、同じようにやっていきましょうという中で、筋を一つ通していかなければいけない。この筋がわからなくなる先生がおられる。それは大失敗してしまうのです。そこの学級は混乱状態になる。するとすぐにみんなから、秩序がないとか、混乱しているとか、批判されてしまう。

奥地　私の感じでは、いまは抑えられていて自分が発揮できなくなっている子のほうが、ベタベタとして甘えてしまう子より多いという印象を受けます。学校のなかの私自身の体験からいっても、一応は自主性を育てるというスローガンでだいたいの学校はやっているようですが、現実には他律的な時間が多いために、自主的にならない。言われたことだけはやるというふうになっています。学校に行っていないから、登校拒否の子たちには協調性、社会性が育たないだろうと見られる方もありますが、シューレの体験からいうと、むしろすばらしく自分を出せる方向に向かっていて、それはある意味で予想以上です。

子どもというのはほんとうに育つ力があると思いますね。自由な空間だと怠けたり、ダメになったりするのではないかという問題ですが。東京シューレも、いろいろな人がいて、集団というか、実際には小社会なわけで、好き勝手にやっていてうまくいくということはあまりない。お互い同士でぶつかりあうし、あんなヤツは嫌いだと思われますから、自分でも不愉快なことが生じてしまう。そんな試行錯誤のなかで、成長していきます。

もっと自分を出せる場に

奥地　東京シューレは特別なことをするというよりも、何がシューレと学校とが違うのかというと、たぶんまなざしが違うだけだろうと思います。いまは学校の先生の見学が多いんです。どうしたら登校拒否の子たちがそんなに元気になるのかといわれるのですが、とくにこういう指導が要るのだということではなくて、その子を見る見方が違うだけじゃないか。ここは否定されない空間ですから、たとえばバンドやりたい子もいれば、粘土やりたい子もいれば、絵を描きたい子もいれば、本を思いっきり読みたい子もいれば、英語を覚えたい子もいる。そのやりたいことをどうやって実現しようかということに、私たちは心をくだきますが、こうやりなさい、ああやりなさいということはしない。

校則とかももちろんありませんから、ぶつかり合いが生じたり、なかにはいろいろなストレスを子どもの中に持ち込んで発散する場合もあります。とくにシューレにやってきてはじめのうちは、いじめたり、ちょっかい出したり……

河合　そういういろいろなことやるのはどのぐらい続きますか。

奥地　まあ三ヵ月から、長い子だと半年ぐらいでしょうかね。特に安定しない期間は。

河合　そのあいだはみんな見ておられるわけですね。

奥地　その子の話を、たとえば一人四時間ぐらい毎日延々と聞くとか、トラブルがあったときは、私たちが間に入って小集団で、ミニ・ミーティングをして、当事者間で思いっきり言いたいことを言うのとか、いろいろなことをやります。親にも発散しきれないで、そういうのがこっちへ出ている場合もありますから、親にもきていただいてその子の気持ちをわかってくれということをやっているうちに、ほんとうに落ち着いてきます。

すべての子たちが、もっと自分を出せる、認められる空間を求めているのだと思います。もう何年生だからこうしなきゃダメ、これだけの勉強しなきゃダメ、と絶えず追いまくられるのではなくて、子どもたち自身に自治といいますか、自分達の場をつくるのに参加できること、そして個人個人いろいろな子がいるのだから、その個を認め合うこと、これが大事だと思います。そういうことであれば、学校にいるすべての子たちは、はみ出す苦しみに出会うことも少なくなるし、自分を出しやすくなる。

河合　学校が、そういう要素をほんの少し取り入れるだけでずいぶん違うんです。せめてもう少しね。

いままで、シューレでこの子はお断りというケースはありましたか。

奥地　ありません。入る条件としては、その子自身が希望することだけなんです。面接で振り落とすとかということはありません。ただ場の許容量がありますから、順番を待っていただくという形です。いまは王子のビル、大田、新宿スペースと三か所になっていますが、一九九一年の三月までは非常に狭い雑居ビルの一室と、近くのアパートでやっていました。学校だと入学試験をやってサーッと拾うんでしょうが、こっちはそういうこと自体がいやなので、待ってくださいねということにしています。学校へ戻る子もたくさんいますし、受験で上級学校へ行く子もいますから、その分だけまた入っていただくというふうにしています。

最近困っているのは、親が「学校へ行かなくてもいいから、シューレに行きなさい」というプレッシャーを与えること。子どもにとっては同じことなんです。

河合　そのうち、シューレに行けない子どもたちの学校なんてできるかもしれない（笑）。

奥地　シューレに来ない子がいるのはあたりまえで、その子にとって相性が合わないとか、時期が合わないとか、いろいろな関係で来ない子がいても当然です。ところが、親はシューレに行かないと、「シューレにも行けないの」。学校側も、シューレに来ていれば進級を認める。でも、そうでなければ、あの子はシューレにも行けなかった、なんていわれる。

河合　本人の意思を尊重するというのは、ほんとにいいですねえ。

日本中が個性をすり減らす

河合　今や日本中が経済的に豊かになってきたから、ほとんどの家の子は行こうと思えば経済的には大学まで行ける。大学なんて別に行かなくてもいいのに、みんな大学へ行かなくちゃならない。そして、いい大学へ行かなくちゃならないということで、日本人は全部序列をつける（笑）。そして序列の高いところへ行くほど幸福だという単純な幸福観が日本人にいま非常に支配的でしょう。そこへ子どもたちを押し込むために、日本中が努力しますから、学校もいきおいその期待にこたえる。つまり、日本中挙げて子どもの幸福のためにと言いながら、子どもの個性をすり減らしているようなものです。

昔も少しはそうだったかもしれないが、経済的にみんなはできなかった。それにはよい面もあった。どうせおれは学校に行かへんのやからと、好きなことする人もいた。学校の先生も、そんなむちゃくちゃに勉強、勉強といわなかった。ところが、いまは勉強、勉強といわないと父母に怒られる。

ですから学校の欠点はよくわかっているけれども、学校だけを怒るのもむずかしい。われわれだって学校に圧力を加えているところもあるのですから。

奥地　私もちょうど端境期《はざかいき》に教師をしていたのだと思います。私は一九六三年に教師になったのですが、そのころは、私の勤めていた学校から夕方駅に行くまでに、だいたい学区域ですから何人かの親に会います。それで子どもたちがキャッチボールして遊んだりしていると、「先生、子どもはあんなに遊んでおります。子どもは遊ぶのが一番！」なんていわれて、「ああ、元気いいわね、さよなら」とかやっていた。ところが一九七〇年代後半には、同じような状態で小学生が遊んでいると、親が眉《まゆ》を寄せて、「先生、あんな遊んでて中学でついていけるんでしょうか」って、同じ遊ぶ姿なのに、親の反応が違ってきた。

いまはいい学校へ入ったり、いい点数とったり、はみ出さないようにやっていくことが教育の目的みたいになって、教育観がやせてきてしまっていると思います。そういうことと学校のまなざしが変わってきたこととは関係があると思います。

河合　これは日本全体の問題ですから、ものすごくむずかしい問題ですね。考えてみたら、どんな人でも教育を受けたかったら受けられるし、どんな人でも大学へ行ける。そうなってきた点では昔よりよくなっている。しかし、よくなったということは必ず両面があるわけです。

奥地　高校への進学率がいま九七パーセントですか、大ぜい高等教育を受けることができる時代になったら、逆に高等教育を受けるのがあたりまえで、高校なんかに行かない子や中退する子、登校拒否する子はまるっきりダメな子だと、逆に子どもを追い込む価値観が広がってきた。昔だったら高校進学以外にもいろいろな生き方があったし、それがひどい劣等感にはならなかったのに、今は自分でも、おれは高校中退おちこぼれとか、高校にも行けない情ないヤツだといって、大変苦しんでしまう。

子が親を変える

奥地　最初に登校拒否のプラス面をお話しされましたが、学校へ行ってない子の親たちも非常に苦しんで、価値観を変えざるをえなくなります。子どもによって変わらざるをえなくなっている親たちが結構増えてきていることも事実です。

前は会には母親ばかりきていたんですが、最近どこの会でも父親が増えています。

お父さん自身の会社人間としての価値観を子どもによって揺さぶられて、ほんとうに会社のなかで一生懸命やっていくことが幸せではないのではないかということに気がつき始めています。また気がつかないと、相変わらず学歴どうする、学校どうすると、子どもにプレッシャーを与えるから、子どもの不安定なつらい状態がおさまらない。

学校問題などの研究会に行くと雰囲気が非常に暗いですが、登校拒否の会の方は明るい（笑）。いろいろな生き方があるのだという気持ちになって親子一緒にやっていけば、いろいろなことから解放される。子どもが登校拒否して、親子関係がとてもよくなって、親子で暮らし合うのがこんなに楽しいのかと思ったとか、結構明るい。もう振り子がいくところまでいってしまったから、いまは少し戻ってきている。そんな気がします。登校拒否をマイナスだ、マイナスだとばかり見ないで、プラスの作用としてもみていけば、苦しんだり、治療の対象にしたり、変な施設に入れたりしなくてもいいことじゃないかなと思います。

河合　それがいちばんいい方法です。いま言われた例などをどんどん世間に発表してもらいたいですね。

学校と効率

――お話を聞いていると、逆に学校に行った子の自主性が心配になりますね。

河合　行っている子には行っている子なりにいろいろ種類がある。悩みながらも、このように適応するからここまでやっていこうといいながらなんとかやってきているような強さをもった子もいます。それからノホホンと乗っていっている子もたくさんいる。いつの時代にも時代にノホホンと乗っている人はいるでしょう。戦争中にノホホンと生きている人もたくさんいて、その人たちはみんなほめてもらったわけです。そのときに戦争反対なんて思っていた人はすごく苦しんだ。また戦争反対と思いながらもなんとか中で皆と一緒に生きていた人もいた。これと同じで、簡単には言い切れない。学校へ行っているから別に偉いともいえないし、逆に悪いともいえない。学校へ行かない子というのは親を変えようとするだけのパワーを持っているんです。私らはいつもそう思うから、それを尊重しようと思うのです。

奥地　学校に行っている子が管理に全部流されて心配だという言い方もあるけれども、それは子どもに対して侮辱的な見方ではないかと思う。学校に行っている子も、ほんとうにそれなりに心の中で戦っていたりして、行くのがいいとか悪いとか、形だけでは言えないのです。大事なのはその子にとってはどうなのかということです。

私は学校の批判も言ったりするし、学校外の場もつくっているので、しばしば学校拒否だといわれますが、そういうわけではありません。学校はいまの近代社会と切っても切れない。学校がなくなったらたぶん社会は困ることになるでしょう。それを否定するというよりも、学校に行かなければいけないという発想をもう少し緩めて、行かない成長期間や生き方があってもいいという見方をしようというのです。学校の中がストレスをためる空間になっていることも事実ですから、もう少し人間にとってやわらかい空間にしたらどうか、と。

河合　なかには僕が見ていても、ああ、行ってしまったなと思う子もいますよ。でも、人生っていろいろでしょう。勝ったり負けたりしながらみんな頑張っていくのだから、いまこの子は残念ながら学校へ行っているけど、そのうちまた頑張るのと違うか、と思うような子もいます。

奥地　最近ちょっと怖いと思うのは、熱があっても疲れていても、学校へ行く、親からみてもこの子は学校を一休みしたほうがいいのではないかと思うのに、子ども自身が「だれが休むって言った。休んだら高校受験どうするの？」とか言って、毎朝吐きながらも休まないでヘトヘトになるまで行き続けてしまう例が増えていることです。

学校へ行く子はものを考えてないとか、管理に鈍いとかいう問題以上に、学校に行き続けないとまともに育たないという考えがあまりに支配的だからこそ、こういう問題がおこるのではないでしょうか。

また、最近頭痛、腹痛、吐き気、めまい、微熱等々の病的状態が続く子が増えています。親は身体《からだ》が弱い子と思っている。病気で学校を休んでます、と。日本では、元気でありながら学校へ行かないのは許されないので、僕は病気だから学校へ行かないんだよという形にあらわさざるをえないのです。そういう子たちは病気から離れられなくなっている。学校信仰はそんなところまで子どもたちを追い込んでしまっているのです。

河合 日本人というのはみんな同じことをしていないと気がすまないから、そのなかで個を主張しようとすると大変なのです。そのうえ経済的に豊かになって、その経済の豊かさが個性を抹殺してくる。みんなが一生懸命になって個性を磨滅する方向に全力を挙げている。ここで子どもたちが、それではどうにもならんぞ、と頑張ってくれているのです。

ストレス空間

河合　学校の先生が東京シューレに見学に来られるでしょう？
奥地　よく来られますよ（笑）。
河合　それはいいことです。見学に来られた感想はいかがですか。
奥地　「この子たち登校拒否ですか」っておっしゃいます（笑）。
河合　学校で見ている顔とぜんぜん違う顔している。そんな子が学校へ行ったら、だれが見たってパッとわかるぐらいのこわばった顔をしていますよ。するとまわりの子が、その子の緊張に耐えられなくて、自分らが不安な分だけその子をいじめる。
奥地　ええ。また、逆もありますね。よく先生たちは、登校拒否の子は学校へ来さえすれば元気なんだから、親が無理やりでも連れてきてくださいなんておっしゃる。けれどもそれもおかしくて、子どもは学校へ行かなければいけないんだと大人が意識させていますから、行った子どもは多少ホッとして、きょうは悪い子にならないで済んだという思いと、みじめになりたくないという思いで、結構頑張って明るくやってきちゃう。それでうちへ帰ったらドッと疲れる。
河合　そういう子はだいたい学校へ行ったときにサービスする。よい子にならないといけないと思っているから、やりすぎる。そしてその子はフラフラになって帰るのです。

奥地　だから、学校へ来たら元気だというのはちょっと違う。先生は学校の場面で見える子どもの姿と、学校外の場面で見える姿というのは違うんじゃないかぐらいは考えてもらっていいんじゃないか。

また最近は、先生自身の登校拒否が多い。「私一年間登校拒否して休職しております。今度復帰するんだけど、相変わらず元気が出なくて元気をもらいにきました」とかいって来ます。

河合　先生のためのシューレもつくらなければ（笑）。

奥地　学校が先生にとってもしんどい空間になってきている。全部教師の指導力にかかっているみたいに思われているし、親たちも本来家庭でやるようなことまで持ち込んでくる。カリキュラムも相当過密になっている。部活のことや生徒指導まで入れたらものすごくたくさんのことをこなさなければいけない。そのなかで適当でいいじゃないのぐらいに思えればいいのですが、良心的に責任感じれば感じるほど、うまくいかないんです。それでノイローゼになってしまったり、ほんとに子どもの立場に立とうとする先生が浮いてしまったり、学校は先生自身にもストレス空間になってしまっている。

私はよく、登校拒否の子に対して、こっちがこんなに一生懸命になっているのにちっともこっち向いてくれないとか、悩んでいたり文句いっている先生方には、「だけど、あなたいまの学校好き？」と聞くんです。そうすると「もういつ辞めようかと思っています」という先生が多い（笑）。先生がいつ辞めようかと思っているぐらいのしんどさと、子どもが学校へ行きたくない気分は一緒なんです。だから子どもと私は一緒のことを感じているんだなと思ってみると、ずいぶん違ったふうに見えるよって言うんです。先生のストレスが子どもにいったりするということもあると思います。それを文部省や行政の方々、親とか社会のみんなが理解しているかどうか。先生個人の指導のあり方だけをみていくというのはおかしいと思う。

学校への助言

――最後に、学校を子どもたちの生き生きと生きる場所にするために、ヒントになることがあれば、おっしゃってください。

河合　いっぱい言いたいことはありますが、学校の先生が子どもをもっとよく見られたら、それだけでだいぶ違うと思います。学校でいやな顔している子でも、家で見たらニコニコしている子もいるし、私は自分が教師していたからよくわかるのですが、教室で沈んだ顔していても、休みの時間にボール蹴《け》っているときにはものすごい気持ちのいい顔している子もいる。そんなのを見るだけで違うんです。子どもというのはすごいなあという気持ちがあったら、そういうすごい子が学校へ来ないのは何かあるんだろう、もっとよく見ていたら何が起こるんだろう、そういう気持ちをもたれるだけでずいぶん違うと思います。

ともかく悪者をつくろうとしないことです。登校拒否の子は悪くないといったら、今度は教師が悪いとか、親が悪いとかいいますが、そんな悪者はひとつもつくる必要はない。大事なのは、子どもの姿をもっと見ようとすることです。

奥地　この前電車に乗っていましたら、制服を着た中学生が乗ってきた。頭のてっぺんから靴先まで、持っているバッグも、リボンの結び方もみんな同じ。私はその子たちと話がしたくなって話しかけたんです。全部同じ服装して、全部同じバッグ持って、靴下も靴も同じで、そういう格好して学校へ行くことに何か不満もったり、違和感もったりしないのって聞いたら、「ええ？　別にィ」といって、驚いている。私服とどっちがいいといったら、制服のほうがいいよというので、どうしてと聞いたら、「考えないですむもん」。校門圧死事件※など、学校のことをいろいろ聞いてみても、全員「別に」「わかんない」「うん、わかんなーい」とかいう感じで、ほとんど意見がない。考えないのは楽ということなんです。

制服からバッグから上から下までを決めているのは先生たちですよね。私の職員会議の経験からいうと、一式のことを決めるのにどれほどの議論と時間を費やしたか、と思うのです。一生懸命考えたのは先生で、それを着る子どもは考えないで済む、考えないことが楽なことだと言っている構図が、いまの学校の象徴だと思う。ツッパリの子がちょっと太いズボンをはいていると問題児といわれる。あれは自己主張ですよ。

結局先生が一生懸命になっていることが裏腹になってしまって、考えない子どもやはみ出す子を育ててしまうわけです。もっと子どもたちに任せる。そうすると、子ども自身が考えざるをえない。多少の失敗やはみ出しがあっても試行錯誤することが学びなのだと、もう少し緩やかに考えていくだけで、ずいぶん子どもたちの姿が違ってくるのではないかと思います。

いまの学校のあり方をガラッと変えるのは無理にしても、発想を少し変えて、子どもの教育というのは子ども自身の人生、子ども自身が考えることなのだというところに立って、全部決めたり、指導したり、レールに乗せたり、しようしようと思わないでやっていくだけで、だいぶ違ってくる。

子どもってどんなに大きくなろうと、生命そのものだと私は思う。生命が生まれた喜び、その延長で子育てとか子育ちがあるはずなのに、いまの勉強とか、生活指導とかの過密なやり方は、生命の自然に逆らっているのじゃないでしょうか。ほかの人もそうだからといって、自分たちもあおらないで、もう一度、学校というのは生命育ての場所なんだととらえ直していくようにしたら、ストレスも低くなるし、育ち合っていける。そのことをいちばん考えてみてほしいと思います。

※編集部注　一九九〇年七月六日、兵庫県立神戸高塚高校で門限間際に校門をくぐろうとした女子生徒が、その鉄製の門扉にはさまれ、死亡した事件。

（「世界」一九九二年五月号。文中数字は単行本刊行時のものです）

＊おくち・けいこ　一九四一年東京生まれ。六三年から二十二年間公立小学校教師。八五年退職し、東京シューレを始める。著書に『不登校という生き方―教育の多様化と子どもの権利』『登校拒否は病気じゃない』『東京シューレ物語』などがある。なお、東京シューレ大田は閉室、現在は王子、新宿、柏の葉の三か所で開室している。

教育に何ができるか

vs. 大川公一・芹沢俊介

「父性の復権」を間違えてはいけない

大川　きょうは河合先生と芹沢先生に日本の学校教育、とくに中学、高校を中心としまして「教育に何ができるか」ということをテーマにお話いただきたいと思います。

河合先生は、ユング心理学の日本の草分けであり、カウンセラー、臨床心理を通していろんなことをなさっておられます。教育学の先生も長く続けておいでです。そういうところから、家族問題、学校問題、教育問題に多くの発言をしていらっしゃいます。芹沢先生は、文芸評論から始められましたが、いまや社会評論のなかで家族、子供、教育の第一人者としての活躍をなさっておられます。お二人の教育、あるいは家族に対するご発言は重なり合うところとずれているところとあると思いますが、きょうはそういうところがうまく出てくればと考えています。

私は二十五年間高校の教師をしておりますが、現場の教師としていろいろな生徒を見ていますと、ここ十年間ほどで生徒の家族の中の位置は変わってきたと感じています。社会の大きな変容に対して学校もその波をかぶるんだというところで、教師たちもその波の中で翻弄《ほんろう》されながら、どうしたらいいかというふうに日々迷っているると思うんです。そのへんからお二人にお話を伺いたいと思います。

河合　いま、日本ではとくにどういうふうな大人になったらいいのかとか、どういう人を大人と言うのかということさえ不可解になってきているので、高校の先生方が悩まれるのは当然だなという気がします。われわれも気をつけなければならないんだけれども、ちょっと言った言葉が誤解されたり拡大されたりする。「父性の復権」などという人もありますが、そうすると、強くなきゃならないということと結びついて、もう体罰をやったほうがいいんだとかいうほうにいってしまう。そこが恐ろしいんですが、そういうところをきめ細かく考えたり話をしたりしていかなくてはならないと思います。

芹沢　ぼくの場合は教員体験というのが全然ないんです。自分が子どもで教育を受けた立場、それから、三人の子どもの父親ということで、そういうところから学校とか教育にかかわってきたのですが、気がついたら、後ろ向きのかかわり方をしてきたように思うのです。積極的に学校をこうすればよくなるとか、教育はこうしたらいいんじゃないかという発言をしたくないんです。

たまたま、私の住んでいた地域で中学校の丸刈り校則があったものですから、それは困るから廃止してくれないかということで、わりあい積極的に運動をやったりしました。つまり我が子が通学している学校でこいつは困るなということに関しては、意識的に言ったりやったりすることができるんです。けれど教育とか学校といった大きな枠の中で何か言うことへのためらいというのはどうしてもある。言葉というのが自分から離れて権力性をもってしまうのが怖い。そこでどうしても後ろ向きになってしまうわけなんです。

河合　私は高校の教師を三年間やっていたのですが、それは本当にやってよかったと思います。教師というものになると、評価がどうしても近視眼的になるんです。極端にいうと、三年間教えたら三年間のうちによい子にしたいと思ってしまう(笑)。中学校の先生なんかとくにそうなんだけれども、中学の三年間でよい子になんかする必要は全然ないんです。長い人生から見れば、中学校のときに暴れたほうがあとで面白くなったりするんですが、なかなかそれが見にくいですね。高校の先生方は、自分のやったあとを、ずっと見ていないといけませんね。

芹沢　卒業してからの姿をですか。

河合 ええ。それをずっと見ていると面白い。二十年も経《た》ったころに電話が掛かってきて「先生、いま飲んでいますから来てください。だれとだれとだれといます。みんな数学の出来んモンばっかりでしょう」と言ってワーッと笑っている。そういう子どもがぼくに対して一緒に飲もうという気持ちをもってくれるのは非常にうれしい。そして、学校で出来なかったやつのほうがこれだけ活躍しているんですよー、と彼らは威張っているわけです。ホントにそうやなと言うてたんです。

そういうふうになかなか見にくいんです。自分が教えていると、数学の出来る子はよい生徒、出来ない生徒は悪い子みたいに言うんですよ、やっぱり。そして、ついつい発言までそうなるんです。しっかりしなきゃだめじゃないかとか言ってしまうんだけれども、なに、べつに数学が出来ないだけの話でしょう。ほかのところではぼくよりもっとしっかりしているかもしれない（笑）。

だから、高校の先生がもう少し生徒の全体像を、しかも未来につながっていくところまで見ていかれると、だいぶ変わるんじゃないかなという感じがしますが。

芹沢 ある場所で「学校に何を期待しますか」と聞かれて、「まったく期待しません」と言ったら嫌な顔をされましてね（笑）。そのあとでついよけいに一言、「できたらなるべくいじらないでください」と言ったところ、あとで中学の先生たちが「ああいうことを言う芹沢とは一緒にやっていけない」と言ったというんです（笑）。子どもは家でわれわれと付き合っている時間より、学校で先生と付き合っている時間のほうがはるかに長くなってきますから、いじらないでくれと言ったって、いじられる。いじらないでくれと言うぐらいでちょうどいいんじゃないかという思いが親としてはあるんです。あるいは、校則なども細部まで子どもを縛らないでほしい。そういうところまでひっくるめていじらないでくれと申し上げたのですが、教員にとってはそういう言われ方というのは面白くないんでしょうね。

河合　面白くないし、彼らの切り札は、「現場のことを知らずに何を言うか、あれは評論家の意見だ」ということでしょう。

芹沢　まさにそれです（笑）。

「見守る」とはどういうことか

河合　「いじらないでくれ」というのとほとんど同じで、まだ受け入れられそうなのは「見守るようにしてくれ」という言い方ね。これはもうちょっと説得的です。ただ、見守るほうが教えるよりもエネルギーが何倍も要るということです。それがわかってきた先生は見守るんですけれども、わからない人は見守ることはサボることだと思っているんです。それは大間違いで、中学生なんか見守っていたら、こっちが死にそうになりますからね（笑）。「それほどしんどいんだけれどもやってください」と言うと、ちょっとは違うと思います。

芹沢　見守ることのむずかしさというのは、親にも言えますね。親の自分育てみたいなところがありますね。

河合　そうです。見守るというのは親のほうが育っていかないといけない。そして、見守っていると子どもに教えられます。「ああ、なるほど」とか「やったーッ」とか。そして、こっちがウーンと思うわけです。だから、見守っているとこっちは成長していかざるをえない。ところが、教えるほうは成長しなくていいんです。決まったことをいつも教えて、バカヤローと言っていればいいんだからね。どうせ向こうは自分より出来ないんだから。ただ、ときどき音楽の先生なんかは自分より出来るやつが出てきて困るらしい（笑）。あれはちょっと別だけれど、一般には自分のほうが生徒より上でしょう。そして、自分のほうがよく知っている。それを教えて間違ったことを正している。そうすると、いかにも自分は生きているように錯覚を起こすんだけれども、それは実は芹沢さんが言われるようにいじっているんですよ。

芹沢　体験的なことしか言えませんが、自分の子どもに対して、ああ、ここで一言言いたいなというところがあります。でも、言ったときは大抵ダメなんです。そこのところをぐっと呑《の》み込んで過ごしたときのほうが、確実にあとがいいという感じです。

河合　そうです。子どものほうがちょっとエエコトやるから「やりおったーッ」とか感じることがありますね、完全にこっちの予想を上回ることがありますから。

芹沢　予想を上回ることのほうが多いです。何か言う場合もその間合いの難しさというのがありますが、それは見守っていないとできないでしょうね。

河合　そうです。だから、子どもに対して無関心、無関係というのがいちばん悪いです。これはいじるより悪い。

大川　私は二十五年も現場の高校教師をやっていますが、先生のおっしゃる「黙って考えつつ見守る」ということがようやく出来るようになってきました。若い教師たちにも「そこで手を出すな」と言うんですが、「放っておけないでしょう」と言われる。たしかに、先生がおっしゃるように、じっと黙って見ているほうが何倍ものエネルギーを必要とします。手を出したほうが、自分の教師としての仕事をやっているという気持ちになります。

河合　熱心な先生というのがそれなんですよ。はたから見ていると、熱心極まりなく子どもをいじっている先生がいるんです（笑）。

大川　河合先生は、高校の先生をなさったり、京都大学で学生を教えられたり、あるいは臨床心理学者として大勢の方との問答をされていて、現場感覚を重んじておられる。それに対して芹沢先生のほうは、遠くのほうから現象としての学校を見ていらっしゃる。ですから、非常に鋭いことも、きびしいこともおっしゃる。河合先生は、現場の教師、あるいは親御さんたちの大変さをよくわかっていらっしゃるから、そこをうまくカモフラージュするというか包みながら伝えてくださる。

簡単に決めつけてはいけない

大川　さて、まだなまなましい話題なんですが、例の神戸の事件（一九九七年五月二十七日）がありました。河合先生の「朝日新聞」に出ているご意見に、原因を探すなというのがありました。もちろん、事件をないものにしようというのではなくて、探しつつ日常生活はしっかりやろうという論調だったと思うのです。それに対して直接かかわりはないんですが、芹沢先生が「世界」に「子どもたちはなぜ暴力に走るのか」ということをお書きになり、また、まだ犯人が捕まる前に、「正論」に「『酒《さか》鬼薔薇聖斗《きばらせいと》』という精神の決壊」という文章をお書きになりました。ここでは、少年が犯人だということを半分予告していらっしゃるんですが、ここにお二人の大きな差が出てきたかなという気がします。河合先生の「原因を探すな、日常生活が癒《いや》しになる」という発想は、日本の母性社会の中の問題を解決するときの一つの方法だろうと思います。それに対して芹沢先生のほうは、あくまで理解をしよう、どんなショッキングな事件があっても、それを理解することを通してわれわれは超えていくんだというスタンスでお書きになっていらっしゃると思いますが、そのあたりをぜひお聞きしたいと思います。

芹沢　ぼくは犯罪愛好家などと自称していまして犯罪が好きなんです。ですから、今度の神戸の事件もたいへん関心をもっていました。とりわけあれはバラバラ事件でしょう。バラバラ事件のいままでの犯行の流儀からすると、落とした首は隠すというのが常道だったんですが、それを曝《さら》してしまった。それも中学校の校門の前にです。これはいままでにない事件だなあというので、犯罪史的なところから最初は接近したんです。

犯罪なんかのことをやっていると、どうしても傾きとしては加害者のほうに目がいってしまうんです。犯罪史と精神史はほぼ並行しているようなところがあるから、新たな犯罪は新たな精神が生み出すみたいなところがあるように思うんです。だから、どうしても加害者のほうにより深く突っ込んでいってしまう。そうすると、被害者のほうがどうしても宙に浮いてしまいがちになる。

被害者の立場に立って加害者や加害者の家族を叩《たた》くとか、そういう次元ではなくて、モラルならモラルでもいいんですが、救済と言うことばはちょっとおこがましいかもしれないけれども、何かある次元で救済という視点が見つからないだろうかという思いがいつもあるんです。

河合 私が言っているのは、どう言うたらいいのかなあ、原因を追及するなと言うのではなくて、簡単に原因を決めつける人が多すぎるので、それはやめなさいということなんです。日常生活をちゃんとしていたら、新しい考えがだんだん生まれてくるわけです。これが原因であるとか、こいつが悪者だというのと違う意見、いったい自分はどうすればいいのか、そういうのはゆっくり生まれてくる。それは非常にいいことだと思うんです。それを各人がいろいろ試みるべきだと思います。

そうではなくて、一般にはどうしても単純な悪者探しになってしまう。あるいは、極端な悪者をつくって安心する人が多いわけです。おれは関係ないと思うのですが、ところがみんな関係があるんです。

芹沢 たしかに善悪の答えを早く出したがりますね。

河合　しかも、答えを出したがる人ほど、自分は関係ないという答えを出すんです。

芹沢　不思議なことに、関係ないはずなのに、被害者を代弁するかのごとく、あるいは正義を代弁するかのごとく出てくるわけですね。それはちょっと怖い感じがします。

河合　そのとおりです。だから、同じ考えるのだったら深く考えなければいけない。

大川　非行の一つとして暴力というのが象徴的に表れていますが、学校の中を見ましても、日本型のいじめもあるし、家庭内暴力もいまだにある。最近感じているのですが、戦後民主主義教育が五十年経ちましたが、暴力というものに関しては、ほとんどかかわり合いをもたなかった、そのツケが最近回ってきたのかなと、漠然とした直観的な理解をしていますが、そのあたりは河合先生いかがですか。

河合　そうですね。暴力と言うより腕力と言ったほうがいいかもしれませんが、それは小さいときからある程度あるわけで、人間はみんなもっています。そういうのを子どものときからある程度出しながらだんだん卒業してくるといいんですが、短絡的に否定しすぎたんじゃないでしょうか。幼いときから否定されて、極端に言うと、戦争ごっこもチャンバラも全部いけません、ウチには何も武器はありません、というのが平和な教育だというふうに思い込みすぎたのではないでしょうか。子どものときにチャンバラをやって殺される体験などをしているから平和の意味もわかるのです。

大川　ちょっと短絡して、教師たち、教育を考えていらっしゃる方々がすべて、戦争反対、暴力反対で全部を済ませたというところですね。

河合　それをじっくり考えてやるというのではなく、パッと教条主義的にやってしまったから。だから、暴力と言ってしまうと問題だけれども、パワー、人間における力の問題というのは、すごく深刻な問題です。力とセックスは人間にとって根源的なものですから、そういうものに対してどう考えるのかということを不問にして、平和、平和と言ったので、子どもたちはギュッと抑えつけられた。ですから、それに反発するためにどうしても反対のことが出てくるのではないかと思います。

芹沢　暴力の問題と背中合わせに狂気の問題もありますね。ラフな押さえ方をしますと、武家が権力を握って以降、敗戦まで、狂気とか暴力というのは共同的なもの、あるいは制度的なものに合致する場合だけは承認されていた。戦争なら敵を殺してもいいとか、理由のある敵討ちなら殺してもいいとか、自分に刃を向ける、つまり腹を切るとか、斬《き》った人間の首を落とすみたいなところまでひっくるめて。しかし、敗戦以後は、それが一気になくなった。では、どこにいったかというと、一人一人の中に分散していったと思うんです。

河合　ええ。そのとおりです。

芹沢　一人一人の中に残されてしまった狂気とか暴力の衝動、傾向性に対してちょっと目をつぶりすぎた。あるいは、そういうものに対して「悪」というレッテルを貼《は》りすぎたという感じがしますね。

河合　ええ。そういうものを悪にして、悪を排除することによって善になるというのはすごく単純な考え方で、絶対にそんなにはうまくいかないんです。

芹沢　だから、ひそかに一人一人の個人の中で狂気や暴力が育っていて、気がついたときはとてつもないかたちになっている。

河合　そう。もう暴発せざるをえないんです。

芹沢　そういうものがここへ来て噴き出した。きっかけとしては、ベルリンの壁の崩壊とか、さまざまな価値の崩壊現象があったと思うんです。

河合　いまおっしゃったとおりで、昔はシステムの中に暴力とかセックスとかを上手に入れ込んでいたのですが、近代になってそれをなくして個人個人の責任になったけれども、それでも冷戦の間は敵が目に見えていた。アメリカはソ連が敵だと言い、ソ連はアメリカが敵だと言いながら、どこかで付き合っていたんですよ。まったく離れているわけではなくて、冷戦をやりながら、つまり悪と言いながら付き合うということを国がらみでやっていた。それがまったくなくなってしまったんです。そうすると、悪との付き合い方というのがまったく個人の責任に任されてきた。だから、個人でそういう責任をもつ人間をつくるというふうに考えたらいいんだけれども、その個人から悪を排除してしまって善にするという教育を考えたから、無茶苦茶になってしまった。

芹沢　一九九五年三月二十日の地下鉄サリン事件をピークとするオウム真理教事件のときもそうですし、このあいだの神戸の少年の犯罪に対しても、考えるよりも問題そのものを封じ込めてしまえばいいという考え方でしょう。

平和に生きることは大変なこと

河合　ぼくはこのあいだ憤慨したんですが、これ、神戸だけじゃないんですが、結局、子どもがああいうことをするのは監視ができていないからだというので町の木を伐ったらしいんです。まるっきり逆ですよ。かくれんぼできない世界に住んでいて何が面白いかと思いますよ。

芹沢　まったくです。確かに、犯罪を皆無にするためには徹底した管理をすればいい、極度の集団主義の体制をとれば、それはそれでできないことはないと思いますけれども。

河合　ノイローゼ、犯罪、自殺が極端に減るのは、無茶苦茶な戦争をしているときだけです（笑）。外でものすごい殺し合いをしていますからね。

芹沢　戦前の昭和十六年頃から二十年までの四、五年というのは犯罪も激減しているんですね。

河合　自殺がほとんどないし、ノイローゼもほとんどないです。ただ、分裂病（編集部注・統合失調症）だけは話が別で全然変わらないですけど。平和に生きるということは大変なことなんです。日本は長く平和に生きてきたでしょう。だから、そのあいだのツケというのはすごいですわ。もちろん平和のほうがいいんですよ。いいんだけれども、平和に生きるということはどういうことかという認識がなさすぎた。

芹沢　ある程度の出血というのは引き受けないとだめだと思います。

河合　そうです。個人個人がそれを引き受けるわけですからね。

芹沢　時代は逆に、個人個人を押し止《とど》めようという風潮が出てきていますね。こんなに個人に自由を謳歌《おうか》させていいものか。そんなことをさせたからここへ来ちゃったんじゃないかという議論になるんですね。

河合　まったく間違っていると思う。

芹沢　間違ってますね。もっと個人というものを引き受ける方向で考えていったほうがいいのではないかと思えてならない。きょうの河合さんのお話は、もっと個人を出していっていいんだ、個人が起こすさまざまなことを引き受けながら、ということでしょう。

河合　そこに責任問題が生じるんです。責任においてそれを出来るということです。

芹沢　自分を引き受けられる人間つまり個人をどうつくっていくかということがすごく難しい。

河合　それがまさに教育なんです。

芹沢　それを法とか制度とかというかたちで抑えこんだり、不足を補完してしまうと、戦後五十年でなんとか出てきた個人というものも発育不全のまま流してしまうことになるような気がしてならないんです。

河合　そうです。ちょっと見た目では、非常に自由になって、好きなことをして、みんな楽しくやっているようだけれども、われわれがいま話をしているような面においてはすごい規制がかかっています。

芹沢　息苦しい社会になっていますね。武田秀夫さんといって、元中学の教員で、一九八〇年代に入って辞められた方が、七〇年代後半から子どもたちが目立つことを極力回避しはじめたというんです。今度の神戸事件の少年の「透明な存在であるボク」という自己把握がありましたが、そのころから見えはじめたような気がするということを書いていています。そうか、二十年か、という思いがあります。

近藤純夫さんという、子ども調査研究所の所員で、いまケニアに凝っている方が、ケニアの友人に「いまの日本の子どもたちは息をひそめて生きているんだ」と言ったら、「それは自分たちがヒョウの森を通るときにやるやり方だ」と答えたというんです。すごい比喩《ひゆ》だと思ったんです（笑）。

河合　そのとおりやね。いつ食い殺されるかわからないから。

芹沢　われわれの感覚からすると、ある面では、戦後五十年経《た》って少しずつ自由になってきてるのかなという気がするんですが、違うんですね。

河合　ある面ではそうだけれども、根本的な面ではむしろ不自由になっている。メカニックとかテクニックとか、そういうものが発達してきますから、根本的なところで規制を加えようというときにやりやすいですね。だから、子どもたちに対するそれは非常に強くなっていると思います。ぼくらのころは、親も先生も必死になって規制しようとしたんだけれども、ちゃんと手からこぼれたし、自然というものがあったわけです。ところが、いまはそれがないんです。
私はよく言うんです。何も昔の先生とか親が偉かったわけではない。いまと同じように考えていたんだけれどもできなかっただけなんです、幸いにも（笑）。だから、いまはかえって難しいんですよ。少子化の上にお金があるから、子どもを監視しやすい。子どものことを見えたりわかったりしながら、あえて見守ること、これがいまの親や教師にとって大事なことなんです。

教師として陥りやすい欠点

芹沢　一人一人バラバラにされながら一人一人が息をひそめている。その不安感というんでしょうか。対人的なところでは恐怖感に近いものをもちながら生きているのかもしれない。そうだとすると、ちょっとした接触で相手を大きく傷つけてしまう、そんなことが起こっても全然不思議じゃないということになりますね。それと学校という場は、いま一クラス、三十人とか四十人ですから、一人の教員が三十人、四十人の子どもたちと相対するわけですが、河合さんのご本を読ませていただいて感じるのは、いつでも一人と一人が向かい合っているという印象なんです。教員が一人対一人という向かい方をしようとすると、ちょっと考え方を変えないとできない。

集団を有機的な一つの身体《からだ》のようにして見ていますから。そういう対し方をしていますから。河合さんは、いつでも一人と一人という感じがあるんです。

河合　一人と一人の感覚が身についてくると、一人と全体でもあまり変わらないんですよ。それと、時によって三十人が一つになるときもあるんです。逆に、一対一でも一対多数なんです。一人の人を引き受けるということは、その家族から友人から全部を相手にすることもある。だから、一人といっても、ものすごく多い場合もあるし、多い人数でも一つと見えるし、そこが人間の面白いところです。

芹沢　いまおっしゃられたことはよくわかるんです。でも一人という見え方というのは、実はそんなにやさしくないのではないか。教室の授業の仕方の話などを聞いてみると、どこかで自分の授業をわかる子どもたちを想定している。四十人いれば、三十人から三十五人ぐらいはわかるだろうというので、その子たちに向けて授業をしている。そうすると、残りの五人、十人はどうなるんだというところがある。

学校というのは、そういうあるかたまりを、たとえば普通の子なら普通の子としますと、その外をつくってしまう。普通の外の子というのは、わりあい一人一人として存在する。だけれども内側の子というのは、あるかたまりとして見えているのではないか。そういう意味で、教員にはあまり普通の子の顔が見えていないんじゃないかという思いがあるんです。

河合 それは教師として一つの陥りやすい欠点で、実際はそうなりがちなんです。ぼくなんか数学をやっているからとくにそうなんですが、高校ですから、やっていても全員わかるはずがない。そうすると、いまおっしゃったとおりで、四十人いたら三十人ぐらいわかっていて、あとの十人はわかっていない。その十人全部にわからせるように話をしようと思ったらとても大変なので、ほっとけということになる。騒がしくしてくれなかったらよろしい、寝ていてくれたらいい、という考え方になります。そんなふうにやっていると、たしかに三十人のほうは一つにかたまってしまう。こっちの十人のほうは、静かなやつと騒ぐやつがいて、一人一人見えてきて、三十人のほうはかたまりにしか見えない。それは陥りやすい欠点ですが、それは破らなければだめですね。

芹沢 破るのはどういう方法が考えられますか。

河合 それはやはり一人一人が見えていないといけない。それから、数学を教えていても、数学の知識を教えるということだけをやっていたらだめです。ぼくは教室の外によく出ていました。教室の外で接したり、話したりしていると、やはり一人一人違うんです。数学が出来る子、出来ない子という軸以外の見方をぼくはしているわけで、そういうふうな反応がこちらから出たりすると、向こうも、この先生は自分を見てくれているとわかるんです。たとえば数学が出来なくてポーッとしている人でも、「このあいだ、お前、よう走っていたな」とか言うと、それだけでも変わってくる。この人（先生）は一人一人見ているなということがわかるだけで態度が変わります。ところが、数学の知識がどのくらい入っているか入っていないかを見るとなると、異常に一様化してくるわけです。

芹沢　さきほど頭髪校則への反対運動をやったという話をしましたが、その結果、校則がなくなった。そのあとどうですかと教員たちに聞くと、いや、変わりませんね、と言うんです。それだけですか、と聞くと、顔を見るようになりましたね、と言いましたね。これまでは頭髪とスカート丈、つまり頭と足ばかり見ていて顔を見ていなかったと言うんです。これはすごく面白かった。

河合　それはいい言葉ですね。

芹沢　それと、校則が変わってしばらく経って、男の子と女の子がすごく仲良くなったんです。男の子が丸刈りだったのが髪を伸ばしはじめると、その子の個性、個別性が見えてくる。その結果、男の子と女の子がとても仲良くなるわけで、これはぼくらが反対運動をやってよかったなあと思ったことの一つです。うちの前で男の子と女の子が待ち合わせて通学する姿を見ていると、たかが髪の毛と考えがちですが、かなり決定的な意味をもちますね。だから、教員が髪の毛何センチ伸びているかということにしか目がいかないときは、一人一人が見えないいんじゃないでしょうか。

河合　また、一人一人を見ない教育をするためにそれをやっていると言ってもいいぐらいです。十把ひとからげでいくほうが教師は楽ですからね。

芹沢　神戸の高塚高校で校門に圧しつぶされて殺された女の子がいましたが、あれなどもそうですね。子どもを見ていないいんだなあと思いました。

河合　本当に見ていないんです。いまの、髪の毛だけ見ていて顔を見ていないというのは象徴的な話だと思うけれど、校門だけ見ている人はそれ以外のものは見ていない。

大川　現場の教師としましては、制度の中でもなおかつ個の顔を見るというのは、意識の変革だけでも相当違う。芹沢先生がおっしゃったように、運動の結果、校則が変わっていけば、意識が変わってくるということは確信をもって言えると思います。

大人になることの難しさ

大川　芹沢先生が書かれた文章で、角川書店の「現代文」の教科書にも入っている

「イノセンスの壊れるとき」というのがあります。イノセンスという英語の意味は無垢《むく》、潔白なんですが、それを解体することが大人化なのだとおっしゃる。自分には責任がないというのがイノセンスの状態です。なぜかというと、人間が生まれることは絶対的な受け身であるから。自分の命、性、この二人の両親から生まれたということは偶然性なのであり、それを、自分がもう一回再確認して選択しなおすというのは、自分に責任がある。これが大人だと。このようなことをおっしゃっているわけですが、その大人になっていく過程の中でのさまざまな問題が、青年の思春期症候群というのでしょうか、家庭内暴力、登校拒否、いじめ、性非行になって表れてくると思うのです。

芹沢先生の考え方だと、自分の身体、男か女かという性、両親の全部を肯定することで大人になっていく。これは大きく言いますと通過儀礼みたいなものになるんでしょうか。そのへんに関しましては、河合先生はどんなふうにお考えになるか、お聞きしたいのですが。

河合　ぼくは『大人になることのむずかしさ』（岩波書店）という本を書いたんですが、この本は書き出したら難しくて、「大人になることのむずかしさ」という本を書く難しさを味わった（笑）。いま、大人になるということはすごく難しいことなんですね。昔の通過儀礼があったときは非常に明白でした。通過儀礼ということを通じて子どもが死を体験する。子どもというものが死んで、はっきりと大人に生まれ変わるということがきちっと決められる。しかしこれは、大人の社会というのは神のつくりたもうた社会だから絶対性をもっている場合だけ通過儀礼が成立するのであって、われわれみたいにどんどん進歩している社会というふうに考えたら、そんな簡単にいかない。われわれでもそうですが、いまの子どもたちは自分がいつ大人になったかわからないでいる。さっきから言われていることだけれど、昔は集団でポンと大人にするわけね。

昔はばかげているようにみえて、いろいろ意味あることをいっぱいやっているんですよ。暴力をどう吸収するかとか、セックスの問題にどう介入するかとか、大人になるにはどうするかということをやってきた。われわれは自由を求めてどんどんそういうものをつぶしていったわけですから、今度、個人個人が自分で通過儀礼を体験していかなくてはいけないんだが、それは年齢によって違うんです。また、大人になることが簡単でないので、ある面では大人だけれども、まだ子どもの部分をもっているという人がいる。子どもの部分をもっているために、その人が面白かったりするわけね。大人になったり子どもになったりということを繰り返すので、通過儀礼が一遍で済まない。大きくなってもまだ繰り返している。それを一つ一つ踏まえていかねばならない。そういうふうに考えたらわかりやすいと思うんです。
それを順番にやっていかなければならない部分があって、そのなかで芹沢さんが言っているようなイノセンスということから変わるというのも、すごく大事なことだと思います。それも、日本人の場合は難しいんですね。日本人は、責任というのはみんなでもっている。個人が責任をもつなんていう考え方はほとんどなかったんですから。

芹沢　だけど、実際に何かやってしまったら、みんながその責任をもってくれるかというと、そうではなくて一人に一気に来てしまいますでしょう。

河合　日本が難しいのは、そうなっているときもあるし、全体の責任になっているときもある。そのときによってすごく違うわけです。心理的にはみんなでやっているように思うけれど、法律になったら、法律は外国の法律ですから個人のところにパッと返ってくる。そういう難しいなかにいるわけです。

芹沢　どんな小さな場所、小さな出来事でもいい、この人は世界を引き受けているという感じをもった人には、たとえそれが子どもであろうと、この子は大人だという感じ方をこのごろよくするんです。逆に、四十、五十のぼくらぐらいの年になっても、そこのところが相変わらず出来ていないんじゃないかと思えるところがある。そうすると、それは大人とはちょっと言い難いなと思います。

多少そういうところもふまえて、イノセンスというか、根源的な受動性、つまり受け身としてのみ世界を見ているかぎりは世界を引き受けるという発想は出てこないけれども、そこのところを一歩踏み込んだ転換があれば世界を引き受けていける。その受動性から能動性への転換の構造みたいなものが気になって、そこはどうなっているのかなと思ったものですから、あのような文章を書かせてもらったんです。

たまたまロロ・メイという人の『わが内なる暴力』(誠信書房)という本が七〇年代の後半に翻訳されたんです。当時、家庭内暴力が社会的にクローズアップされはじめた時期でして、どう考えたらいいのかなと思っていたときにメイの本に出会ったんです。ロロ・メイはイノセンスのことを「無力」という言い方をしているんです。

河合 それはおもしろいですね。

芹沢 その無力というのはどこから来るんだろうか。無力が暴力になるんだということはよくわかる。それから面白いと思ったのは、無力を自覚していないときは、たとえば若い女性が野獣のような男たちの中を一人で通ったって襲われない。ところが、ひとたび自分が女であることで無力さを自覚したら途端に襲われる。そんな記述があったんです。なるほど、無力か、無力が暴力になるのかということと無力が暴力を解体する。赤ちゃんを襲う人はいない。このイノセンスの二面性はとても納得できたのです。ところが、ではその無力はどこから来るのかということについては、ロロ・メイにはなかったんです。

その部分は自前でやるしかないということで、例外なしの共通項はだれでも母の胎内から生まれたということ、誕生というところになりますから、そこのところで考えると、だれでもイノセンスという状況は通るのではないか。あるいは傷として抱えてしまうのではないかと思いまして、イノセンスという言葉をいただいて、無力というとらえ方から根源的受動性という理解にもっていけるんじゃないかと考えたのです。

だとすると、世界に対して自分は責任がないというふうになっていること、つまりイノセンスであることのほうが、何か当たり前の状態であるような気がしてきたんです。むしろ、自分はこの家の子であってよかった、この親の元でいいんだ、このきょうだいと一緒なのがいいんだ、この自分の体が自分は好きなんだ、自分が男（女）であることが好きなんだ、他のはいやだというふうになることのほうが不思議である。どうして子どもは自分の出自まで含めた自分を肯定できるんだろう、引き受けられるのだろうか。どこで受動性から積極的な能動性に変わるのだろう、その転換の構造がどうなっているのだろうかということがたいへん気になっています。

河合 いま聞いていて思ったんだけれど、見守るというのは、責任を育てるいちばんいい方法なんです。あなたに責任があると思っているから見守っているんです。自分に責任があると思う人ほど口を出すのね。大きく教師はそうなんで、勝手に自分で責任を引き受けてしまうわけですが、相手も責任をもっているんだと考えて見守っているうちに、その人が責任体験をしていき、成長していくのであって、そういう体験が少ないほど、イノセンスの解体が起こりにくいんじゃないでしょうか。だれかがやってくれるとずっと思っているわけで、しまいには、やってくれないやつが悪いんだというふうになってきますね。

芹沢 おっしゃるとおりだと思うんです。「見守る」という言葉は実践的な言葉だと思うんです。子どもはイノセンスを表出するわけです。自分は世界を引き受けられないということをさまざまに表出する。けれど受け止めるものがいないかぎりはイノセンスは解体できない。

そして、そのイノセンスの表出と受け止めと解体はアッという間に起こる場合もあるし、すごく長い時間をかけて、気がついたらそうなっていたというところもありますね。たとえばものが欲しいと言ってグズって、駄々っ子のようにして小さい子が地面に這《は》いつくばる。でも、その子はいつのまにかそういうことをしなくなりますから、これはどこかで壊されるわけです。長い時間で起こることもあるし、短い時間のなかで起こることもあるんだろうけれど、子どもは無力である、自分は世界を引き受けられないということが表出された場合は、それをきっちりと受け止める必要があります。それが見守るということですね。

河合 そうです。じーっと見ていたら自分でやるから、ほら、出来るじゃないか、と言えばいいんですね。それがすごく大事ではないでしょうか。

芹沢 残念なことにいまは、見守る時間がすごく短くなっています。

河合 短いです。昔の親はしようと思ってもできなかったが、いまはカネと暇があるからすぐやってしまう。昔の親は、何かをすることによって愛情を示したけれども、いまは何かをしないことによって愛情を示さなければいけない。非常に難しい時代です。

話は変わりますが、イノセンスが解体して大人になって、次にイノセンスの再獲得ということがあるわけです。

芹沢　それが重要なことですね。

河合　これがいかに死ぬかということです。これは高校生にわからせるというより、われわれ高齢者がいまやらなければいけないことです。イノセンスになるにしてはカネがありすぎる（笑）。

芹沢　人様の前でそんな話をしたら、中年の奥さんがおしゃべりのあとで声を掛けてくれたんです。「実は自分は年寄りを抱えているんだけれど、イノセンスの考え方というのは年寄りに全部通用するんですよ」と、こう言われたのは一度ではないんです、再三言われまして、ああ、そうなんだと思ったんです。

河合　私はイノセンスは、ポジティブの意味をもっていなくてはいけないと思います。

大川　それで河合先生は、その境目が中年だとお考えになるわけですか。

河合　ええ。

芹沢　いまは年のとり方がすごく難しい。

河合　イノセンスで考えていくと、人間の一生の間に意味が変化していく。そういう考え方で人生の後半のほうも論じられたら面白いと思います。

大川　芹沢先生の「イノセンスの壊れるとき」というのは、結局、これは自己責任ですね。

大人の常識の盲点

大川　河合先生がおっしゃっている父性という、キリスト教社会とは違う日本的な母性社会の中での人間のありようというのは、なかなか個という立場に立てない。河合先生は、場の倫理のほうが日本社会は強いんだと言われていますが、そこでどうやってバランスをとったらいいか。どこの場に行っても同じことを言えるというのは、日本人にはほとんどいないんじゃないかという感じもしますが、その難しさというのはいかがでしょうか。

河合　西洋人はどうか知らないけれども、どこかでバランスをとっているんでしょうね。個と場とずっと両方あるんです。どちらが正しいというのではなく、いつどんなときにどちらに頼るべきかということですね。ぼくはいつも両方もっていて、両方のどっちかをというふうな考え方をしています。片方になってないです。ただ、日本では個ということをもっともっと言わないとね。

大川　高校生をたくさん抱えて見ていますと、最近の高校生は母性社会の中の母性の強さに辟易《へきえき》しているんです。

河合　ネガティブのほうが意識される。そこからなんとかして逃れようと思って頑張っているんだけれども、出ていくためのモデルがなさすぎる。父性の強い人がないんです。でも、高校生ぐらいになったら、だいぶ自分で変わってきますから、自分でいろいろ道を見つけると思います。親はなかなか変わらんですよ（笑）。

芹沢　ここのところ、不登校（登校拒否）の親の会の方たちと付き合うことがあるんです。そういう会の人たちと話をしていると、変わってきたことがあるというんです。一つは、これまでは登校拒否の会に来る親御さんというのは、息子さんなり娘さんなりが学校に行かなくなってどうしたらいいかわからなくなっている。そのときに少し前まででですと、「何を言っているんですか、お母さん、あなたがおなかを痛めて生んだお子さんじゃありませんか。何をやったってあなたのお子さんじゃないですか」という言葉が、かなり慰撫《いぶ》する力をもっていた、元気づけになっていたというんです。

ところが、ここにきて変化が出てきた、そういう言い方ではちょっと物足りないという人たちが若い母親たちの中で出てきているというんです。

河合　わかる、わかる。いまさら何を言うてますかって（笑）。

芹沢　つまり何か言葉が欲しい、理屈が欲しいというんです。その理屈というのは何かというと、一種の父性なんですね。言葉って父性なんだなあとつくづく思うんですけれども。もっとも父性主義的な硬直した言葉は困るんですが、ともかく言葉が欲しいんだというところは出てきている感じがします。言葉が欲しいというかたちでの父性への欲求が出てきているんじゃないでしょうか。

河合　そうです。

大川　河合先生は、言葉をできるだけ削っていって、阿吽《あうん》の呼吸みたいなところで勝負されているところが多分にあるのではないかと思うのですが、それに対して、芹沢先生は評論家でいらっしゃいますから、全部言葉でいこうとされる。現場の教師は、両方やらなくてはいけないのですが、家庭教育、学校教育では、そのへんはどういうふうに嚙《か》み合わせてやっていったらいちばんいいんでしょうか。

河合　なんといったって両方要ります。片方だけということはありえない。ただ困るのは、言葉が体験から遊離してしまうことです。知識としてだけだったら言葉も力を失うけれども、本当の言葉はすごいパワーをもっている。「はじめに言葉ありき」という言葉もあるくらいだから、本当にそうなんです。

芹沢　言葉というのは難しいですね。人様のまえでしゃべったとき言葉が権力的、権威的でないかたちでの異物（他者）のような働きをしてくれるといいのですが、そうできないで、ただの「いいお話」と感じられたときには、ああ失敗だったという思いがしてしまうんです。言葉をどういうふうにしたら非権力的な異物にできるのか考えてしまいます。イメージとしては、言葉を重ねながら、言葉の圧力というものを削《そ》いでいって、最終的に自分の存在そのものになってその人の隣に座っているということになるのでしょうか。文字通り言葉が存在と化して「見守る」みたいなことに極限的にはなっていくのかなと思うんです。

河合　それでも、そこから絶対言葉は生まれますからね。ぼくもよく誤解されるんだけれど、言語化しないほうがよいと言っているんじゃなくて、絶対するべきである。べきであるけれど、その言葉が生まれるのがたいへん難しくて、言葉がないような状況になるんだけれど、そこから言葉が生まれてくるわけです。だから、いちばんうれしいのは、こっちではなくて、相手の、つまり子どもから生まれてきたり、母親から生まれてきたり、そちらの人が言葉を生み出してくれる場合です。

芹沢　その言葉は、いままでその人が放ったことのないものなんでしょうね。

河合　あるいは、ものすごく当たり前の言葉です。「結局、先生、女は女です」とかね（笑）。それで、ああ、そうか、と感心するわけだけれども、そんなこと昔からわかってた、というようなもんです（笑）。そういう表現でしか、その人は言えていないわけだけれど、すごい体験に基づいて言っておられるから。

子どもでもそうです。これはよく例に出すんですが、子どもさんが来て、ぼくらと一緒に遊ぶわけです。来るときは悪い子なんですが、やっているうちに内的なものが出てくるから素晴らしくなる。そうすると、こっちも心待ちにするんです。すると、スーッとよくなってくるわけです。そうしたら、もうちょっと来てほしいとこっちは思っているのに、お母さんは「もうよくなりましたから今度でやめます」と言う。そして最後の日に、治療者の人が「もうきょうで終わりやねえ。元気で明るくサヨナラしようね」と言うと、子どもが首を横に振るんです。それで、あ、この子はまだ来たがっていると思ってうれしくなって「どうするの?」と聞いたら、「小さい声でサヨナラしよう」と言うんです。

それでぼくが言ったんだけれども、別れるときに、なんで元気で明るい声を出さなければいけないのか。大人の常識というのは知らんまにそうなっているんです。別れるときでも元気で明るくやらないかんと思いこんでいるけれど、別れるときは小さい声でサヨナラするというのは真実でしょう。そういうときは子どもにこっちがいかれるわけね。

大川　いいですね。映画のラストシーンみたいだ。

河合　それを聞いたとき、みんな一瞬シーンとしたんですよ。みんな、やられた、と思ってね。子どもはすごいですよ。こっちの予想を超えるところがあってね。

核家族のなかの子ども

河合　話は変わりますが、いまは昔の大家族みたいに、いろいろなところで教わるということがないでしょう。だから、非常に単純なことで悩んで来られる方もいるわけです。そんな人は、ちょっとお話ししているだけで自分で気がつかれて、ああ、そうですね、と言ってすっと理解します。

芹沢　そういうところでいうと、一種の淡い飢餓感みたいなのがあるんでしょうね。

河合　やっぱり確かめたいんでしょう。気の毒ですね。

大川　かつては子どもの数がたくさんで、子ども部屋もないのが普通でしたね。そうすると、お姉ちゃんやお兄ちゃんと一緒に寝る。きょう、学校でこういうことがあったと言うと、「バカヤロ、そんなことか」で終わりですね。でも、たった一人っ子で個室にいると、お母さんにも言えないということになって、ゴマ粒ほどのことが大きくなってしまうということがあるでしょうね。それは感じます。

河合　いままでだったらあまり問題にならないようなことが問題になってしまうんです。親にしても、本を読むにしても一方的に読んでおられるから、一方的な理論を下敷きにもっておられて、それと自分の子どもが違うから、おかしいということになる。それから、これもよくあるんですが、平均値というのが正しいことと思っている。

芹沢　それって怖いですね。

河合　平均値が正しいと思っておられるから、それ以上でもうちの子はおかしいとか言うんです。「先生、二語文のはずなのに、うちの子は三語文話します」と言う。そんなこと悩みにならないでしょう。それを真剣に悩んでいる人がいるんです。

芹沢　こういう社会は不幸ですね。父親がいなければ隣のおじさんがやったり、先生がやったりしましたものね。

河合　あるいは長老がやったりね。そうじゃなくて、親が急に引き受ける。そして孤立していますからだれに相談していいかわからない。だから、本当に簡単なことで来られる人もあります。ただ、そういう人はスッスッと簡単に理解されます。

芹沢　このごろわりあい目立ってきたことですが、わが子を虐待《ぎゃくたい》するお母さんがいますでしょう。虐待までいかなくても、子どもをどう抱いていいかわからないお母さんがいますね。

河合　それはいまのひとつの深刻な問題です。私の考えでは、そうなる一つの原因は、機械を操作してうまくいくという気持ちがみんなありすぎて、子どもは上手に操作したらうまくいくと思っているからじゃないか。うまい抱き方とか、ごはんの食べさせ方というのがあって、それをするとよい子になると思っているんだけれど、子どもなんていうのは、どんなやり方をしても勝手をするんです。そのときに、昔だったら、アラアラ勝手しているわ、ということで済んだのですが、いまは、ちょっと子どもがわがままをすると、私の育て方が悪かったんじゃないかと思う。あるいは、この子はおかしいからやってしまえと思う。

さっき言うたように、子どもというのはだいたいそんなものですよ、子どもは子どもですなあと言うだけで安心できるわけね。昔だったら、子どもがごはんを食べんと走り回っていても、そのうち食べるわ、で済むでしょう。それがそうはいかないんです。そのときに、自分の育て方が悪いと思う人と、子どもが悪いというのでムチャクチャ腹を立てて怒る人といる。機械なんかやっていて、自分がしゃくにさわったらバーンと機械に当たるでしょう。あれと同じことで子どもをバーンとやってしまう。

ほめるタイミング

芹沢　自分の体験を話しますと、ぼくは最初の子が生まれたときけっこうスッと抱けました。子どもというのは、下手に抱くと突っ張りますね。それが大丈夫だったんです。子どもの抱き方は、女性は身体の記憶として継承してきた。では男性の場合はどうなんだろうか。

これはさっきの「見守る」ということと関連してくると思うのですが、相手の体に聞くというんでしょうか、たとえば赤ちゃんの体に聞くということを男はやっているのではないか。たとえばぼく自身抱くまえに、それから抱きながらそういうことをやっているんじゃないかという気がしたんです。

コミュニケーションという言葉で言ってしまうと簡単なんです。相手の体に聞くというところが男の場合はあったのかもしれない。女の場合は身体の記憶が継承されていくというところがこれまではあったわけでしょうね。それが消えてきた。

河合　その能力がものすごく落ちているんです。そこはある程度意図的にやらないとだめです。昔は、意図的にやらなくても、自然にそういうことが起こっていたわけですが、これからは、意図的にやらなければ無理でしょう。宇宙飛行士で二百日間か地球の周りを衛星で回っていたレベレフという人に会ったことがあります。あれは無重力だから、相当エクササイズをしないと、帰ってきたら筋肉をやられてしまって立てないんです。地球の外に二百日もいて、帰ってきても体を普通に保っているということは大変なことなんです。ぼくが彼に大変だったでしょうと言ったら、まったく勝手にしていたと言いました。「体の声を聞いていた」のですって。体から寝ようかと言ってきたときにパッと寝て、体が、そろそろ何かやろうかと言ったら仕事をする。だから、下（地上）で思っているように規則正しい生活をしていたわけではない。やらなければいけない義務はもちろんやるけれども、それ以外はまったく勝手にしていた。自分の体の声を聞き、その声に従って全部やったからうまくいったんだと言っていました。それもすごいでしょう。

大川 それは理想的な教育ですね。頭で考えるのではなく、内なるものに従うということですね。

河合 その人が聞けるような人間になってもらうようにする。それをどういうふうに教えるかというのが問題なんです。その話でもっと面白かったのは、地球に帰ってきたらもう体の声は聞こえないでしょうと言ったら、「ええ。聞こえなくなりました。奥さんの声ばかり聞こえます」と言ってワッハッハと笑っていました（笑）。

大川 でも、その内なるものに従って一人一人の若い人たちが生きていけるようになってきたら、これはものすごい力ですね。

河合　それはさっきから言っているように「見守る」こと。出来たときに「うん、それやッ！」と言ったり「やったなあ」という声を掛ける。それは必要なんです。ただ見ているだけではだめです。「うん、それ、それ。それを覚えておけよ」とかね。先生がそれを要所で言えないといかん。それ、見ていなかったら言えないわけですから。

芹沢　システムの命ずるやり方でカリキュラムならカリキュラムでやっていったら、ちょっと難しいですね。

河合　カリキュラムで出来ることはあります。それはやっていていいんだけれど、それだけで終わりと思ったり、あるいはそれだけに入れようとしすぎると、内なる声まで消えてしまいますから、まずい。

手探りする子どもたち

芹沢　このごろ不登校問題などを考えたときに思うことなんですが、いままでのあり方というのは、子供は家庭から学校を通って、それから社会に出ますね。学校が細長いパイプになって、ここを絶対通らないと社会に出られないというしくみになっていましたね。いまもなっているわけですが、不登校の子どもたちがこれだけふえてくると、考えなければいけないことが一つあるように思います。

　それは、家庭と社会というものを直に出会わせてしまうというんでしょうか。学校というパイプを通らないで家庭と社会とを直に出会わせてしまうことを考える必要があるということです。そこで何が生まれるかというと、「一寸先は闇《やみ》だ」という状況が生まれるのではないかと思うんです。うちの末っ子が高校二年で辞めたときの元気になり方を見ているると、半年ぐらいかかっているんですが、一寸先は闇なんだから、自分で手探りをして自分で感触を確かめて前に進まないかぎりは一歩も進まないということ。そうなると親が出来ることはほとんどない。子どもがやるのを見ているしかない。子どもは手探りしていくのですが、とても元気になるんですよ。

　不登校の子どもたちが、親から「いいよ、学校に行かなくて。支えるから」と言われたときの元気になり方というのと、似たところがあるんです。それを「一寸先は闇だ」という言葉でとらえることができるんじゃないかという気がします。

　そうだとすると、学校というパイプを別の場所に外してしまって、家庭と社会を直接出会わせる。出会ったところで、「一寸先は闇」の状況が生まれますから、どうやらあの知識が必要だとか、これを学んでおく必要があるといった切実さが自分自身の内部から出てくる。そうなったときに学校というのはそれを援助できるという体制にもっていくのがいいんじゃないかなと、このごろ考えているんです。

河合　学校でその両方が出来るといいんだけれども、ともすると学校は「一寸先どころか十年先までわかっている。よく勉強すればここに入って、ここに行くんだから」と、せっかく生徒が自分の人生を生きようと思ったのに、全部与えようとする。そうすると、それとまるっきり逆で、「一寸先は闇だーッ」と言いたくなるような体験が子どもに必要になってくる。本当はどっちも正しいわけで、両方必要なんです。だから、手探りでやるところも学校で置いておかないといけない。しかし、子どもに手探りさせればいいんだというと、今度は放っておけばいいと思ってしまう。これはいちばん困るんでね。まるっきり放っておく人がいて、それは子どもに対しては困ることです。

芹沢　手探りしてまた戻ってきますからね。そしてまた出ていく。その繰り返しをやりながら距離を伸ばしていく感じというのがありますから、見守っているというか、肯定しているんだよ、支えるよ、という感触をもっているということはとても大事ですね。

河合　子どもは手探りで危ないほうに行くんですよ。そのときにどこで手を出すか。

これは本当に難しいことです。

芹沢　エリザベス・キューブラ・ロスなんかも、そのブレーキをかけるのは実は大部分が大人の都合なんで、その大人の都合にノーと言えることが大事なんだと言っています。

河合　そう。こっちも生きているわけだから、生きている人間としてノーと言わざるをえないときは、言うよりしようがないですよ。

芹沢　そうですね。

大川　いい教師は、ここまでだ、これ以上はできないと、本当のことを言う。そうすると向こうは安心するんです。

河合　そう。それもまた不思議なんです。

芹沢　その二つが大きいですね。

子どもたちの自発性を尊重する

大川　最初は、こんな大きな題名でどうなることかと思いまして、「教育に何ができるか」なんて、できるわけないなと思ったのですが、どうやらできそうな気もしてきました（笑）。

いまの高校生にとって、本音を言いますと、学校は居場所としてはいいところではないですね。この前、二年生ぐらいの男子が歩いていくのに黙って後ろからついていきましたら、「長いなあ」と言っているんです。何を言っているのかと思ったら、大学を出なければいけないという前提がありますから、「あと六年だなあ。でも、高校だけは出ないとまずいなあ」と本当につらそうに言っている。そういうふうにして毎日が繰り返されていくのか。でも、現代社会では、それが多くの高校生の本音かもしれません。

そういうなかで学校教育がどれだけ出来るかというのは危ういところがあるのですが、きょうやや心強く思いましたのは、見守るということで、責任をもって教師も親も見守るんだということ。それはノウハウではなくて、自分の人間性を全部そこにぶつけて、死ぬか生きるかということをそこでやるしかないんだということでやっていけばいいと考えるのです。最後にお二方にもう一言ずつお聞きしたいと思います。

芹沢　きょうはたっぷりと話を伺うことができて嬉《うれ》しかった。ありがとうございました。僕の学校教育に対する向かい方というのは、指導に含まれている権力性に対する危機感に発しています。指導が権力であることの鈍感さが気持ち悪いし、かなわないという動機が大きいと思うんです。では学校がどういう状態になるのがいいかというと、ボトムの引き上げというか、上のほうでどんどんよくなるというよりも、底が少しずつよくなっていくことがより大事なのではないか。権力的なものが暴力にならないようにすること。たとえばいまも体罰が多い。それが少なくなり、まったくなくなるとか、校則がゆるんでいくとか、そんなようなかたちで底上げが少しずつ出来ていくことに対する期待感があるわけです。

そういうところでは、自分も何かできるだろうと思うし、限定的なかかわり方はいままでもしてきました。ところがもうすこし大きな意味での「教育に何ができるか」ということに対して、最初に返りますが、教育というのは何もできないんじゃないか、自分の教育は自分でするしかないんだ、つまり自己教育しかないんじゃないかという思いがあります。だから、どういうふうにして「教育」が自己教育を支えるかたちでかかわってくれるのかという、そこのところで、きょうの河合さんのお話はヒントになっていくという思いがしました。

河合　私が思っている高等学校の教育というのは、簡単に言ってしまうと、高校生自らがやって、なんか魅力があるというものでなくてはいけないと思うんです。それは勉強でもいいし、クラブ活動でもいいし、友達でもいい、何でもいいんだけれど、やっぱり学校に行ったら面白いよというものがあるようにしてほしいという気がします。それをやろうとしすぎるとまた失敗するわけで、それが子どもたちの自発性から生まれてくるのがいちばんありがたいのですが、そういうふうに見ていったら、先生のほうもけっこう面白くなるんじゃないか。だいたい先生が面白くなかったら話になりませんから、先生も学校に行くのが面白いというふうにすることが大事ではないかと思います。

大川　底上げをしていく方向性と、とにかく生徒も先生も生き生きとした面白い世界ができればいいんじゃないかということで終わりたいと思います。どうも長い間、ありがとうございました。

（「国語科通信」一〇〇号記念、一九九七年十二月号）

＊おおかわ・きみかず　一九四七年静岡県生まれ。元成城学園高校教諭。近世・近代文学専攻。日本の中等教育を考える「雲の会」同人。

＊せりざわ・しゅんすけ　一九四二年東京生まれ。評論家。著書に『母という暴力』『親殺し』『家族という絆が断たれるとき』などがある。

いじめの深層　vs.　赤坂憲雄

小さな塾で見えてきた「いじめ」

河合　私たちは臨床教育の現場にかかわっていますので、いじめのことを考えざるをえないのですが、赤坂さんは、哲学者でこのようなことに関心を持たれたわけです。それにはきっかけもあるでしょうし、意味もあるんでしょうが、そのへんを最初にお話しいただけませんか。

赤坂　ぼくは二十代の終わりから十年ぐらい塾の先生をしていたんです。それも一クラス三～四人という本当に少人数の、近所の子どもを集めた塾です。

河合　年齢はどのぐらいですか。

赤坂　小学校の上級生ぐらいから中学生、高校生ですが、中学生が多かったですね。別にぼくが選んだわけではないんですが、いじめられっ子、登校拒否児、突っぱり少年などのオンパレードだったんです。大きな塾には行けない子が集まってくるという感じでした。ですから、もう七～八年前になりますが、ぼくはそういった子どもたちの呟《つぶや》きのようなものに耳を傾ける機会がわりあい多かったんです。「いじめ」に気がついたというか、おやっと思ったのが一九七〇年代の終わりごろですから、かなり早いと思います。ムラハチとかハブとかいう言葉を聞いたのがそのころで、「何だ、これは」と思って、よくよく聞いてみると、「村八分」です。村八分なんて知っているはずのない子どもたちが、ハブ、ハチブという言葉でいじめを表現しているのに出会ったわけです。これは何だろうと思ったあたりが始まりです。

とても面白いと思ったのは、いじめられる対象がくるくる替わるんです。ぼくはまずそれに驚きました。たまたまそのときにいじめられている子がいたので、その七、八人のグループの中のいちばん頭がよくて、スポーツもできる親分肌の少年に「あれはどうなっているんだ」と声をかけたんです。そうしたら、ぼくの前からいじめがスーッと引いて見えなくなってしまった。ぼくが関与したからですね。

河合　そうですね。

赤坂　そのころはよくわからないから「いじめなんてケチなことをするな」みたいな言い方で収まると思っていたわけです。それでスーッと見えなくなってしまった。

しばらくしたら、今度は、その親分肌の少年がいじめられて滅入《めい》っているんです。何だ、これは。おかしいなとまた思ったんです。

つまり、集団のボス的な存在になっていて、いじめられることなどありえないと思った少年がいじめられているわけです。これはいったい何なのだと疑問に思ったあたりから、今のいじめが、ぼくが子どものころ体験したいじめとはちょっと違ってきているのではないかと、いじめの問題に関心を持ちはじめました。

河合　塾におられたからいじめが見えたというのは本当によくわかります。また、いじめが昔のいじめと違ってきているという認識がない人は、いじめは昔からあったではないか、何を言っているんだと一言で片づけようとするんですが、それでは絶対に片づかないいじめが、いま起こっているわけですね。ふつうだったらいじめられそうにない子どもがいじめの対象になっているということもあります。

赤坂　そして、いじめの概念がすごく変質していますね。たとえば、まだ小学校に入らない小さな子どもでも三人、四人集まれば、いじめは必ず出てきます。それは、だいたい力の強い子が自分の意思を通そうとして弱い子に向かうという構図です。ある意味では、大きな一人と小さな何人かという構図だと思うんです。ところが、今日、いじめとして現象しているものはそうではなくて、いじめられっ子は一人なのに、いじめている側は多数で、場合によっては集団の全員であるという構図が、どうもあるらしい。それがシカトとか村八分という言葉につながってくるのだと思います。そういういじめがいちばん表層に現われてくるようになったという点で、いじめというものがかなり変質したと感じています。

河合　強いものが弱いものをいじめているだけの話というのは非常にわかりやすいけれども、そういうことではない。もっと深い問題がいま出てきています。いじめ方も非常に変わってきていると思います。赤坂先生としては、そのように変わってきているという認識があって、そこから人間というものの存在のありようが理解できるといった道すじになるわけですね。

ところで、いじめは親や教師にはなかなか見えないということをどういうふうに説明していったらいいでしょうか。もちろん、子どもたちが隠そうとしていることは事実だけれども、本当に見えないですよね。冒頭に言っておられたけれども、塾の先生としてふつうに付き合っていると見えてきて、ちょっと指導しようと思った途端に見えなくなる。それまでは仲間に入れてくれていたけれども、指導を始めた途端に、あいつは大人だと認識されたわけでしょう。

赤坂　そうですね。だからぼくは、たった一度の関与の失敗が体験になり、いっさい関与はしないことにして、ただ耳を傾けているだけということをずっとやっていたんです。すると、子どもたちは本当に呟くようにいじめられたこと、あるいはいじめていることを話します。

たとえば中学三年生ぐらいの女の子が二人、おしゃべりしている。聞いているうちにわかってくるのは、クラスのちょっと変わっている子が徹底していじめに遭って、登校拒否になっている。挙げ句に精神病院に入院することになった。当事者のはずの彼女たちは、「今度、入院したらお花を持ってお見舞いに行ってこよう」と言っているわけです。ぼくなんかの目には、ものすごく残酷な光景に見えるんです。

あるいは、小学校六年生ぐらいでしたか、サンドバッグといわれて殴る、蹴《け》るの暴力を徹底的に加えられている子が、自分のこととしてしゃべらないで、クラスのだれかのこととしてぼくに話すわけです。「先生、ぼくのクラスにこういう子がいて、サンドバッグとあだ名されていじめられているんだ」なんてことを延々としゃべっているんです。気がつくと、その子自身の話なんです。

そういう話を延々としながら、ぼくに解決を求めているわけではなくて、話すことが小さな癒《いや》しのきっかけになっているのだと思いますが、ある時期、ぼくはそういう話を四六時中聞いていました。ただ、ぼくが自分の仕事で忙しくなるとだめですね。まったく聞こえてこなくなるし、子どもたちもしゃべらなくなる。それで塾をやめましたが、貴重な体験でした。塾の先生として、いじめの現場に斜めから付き合っていたという感じです。

畏敬《いけい》から排除の対象になった転校生

赤坂　たまたまぼくは一九七〇年代から八〇年代の初めにかけて異人（ストレンジャー）論をやったんです。集団の中で排除される異人とはどのような存在なのか、どういう属性を持ち、どういう働きをするのかということが、ぼくの最大のテーマでした。ですから、いじめの問題が異人論の延長で見えてきたということがあります。

河合　異人論というのをもう少し説明していただけますか。

赤坂　異人については「漂泊と定住の両義的な存在」という古典的な定義があります。つまり、ある秩序を持った集団があるとすると、その集団からはみ出してしまう逸脱者がいる。あるいは、その集団とは違う原理を抱えた「訪れ人」がやってきたときに、いろいろな軋轢《あつれき》が起こる。そこで現象してくるものを、ぼくは異人という視座から分析しようと思ったわけです。

いじめの問題も、表面的にはいじめられっ子といじめっ子の対峙《たいじ》の構図で出てくるわけですが、それは単なる子ども同士の小競《こぜ》り合いといったものではなくて、そこには何かしら、学校や学級という集団なり秩序なりが現在置かれている状況みたいなものが、象徴的なかたちで現れているはずだという、ある意味では予断と偏見からこの問題に入り込んだわけです。ぼくは異人をいくつかに分類しているんですが、その中でもいじめの問題はマージナル・マン（境界人）に近いのではないか、という感じでずっと考えてきました。

河合　異人の問題でいえば、いじめとはまるっきり逆のほう、よく昔話にある「まれびと」のように、弘法大師《こうぼうだいし》が訪ねてきたとか、ものすごいプラスになる可能性も持っています。しかし、今日のいじめの場合は完全にマイナスのほうで、集団全体でそういうものは排除しようというすごい強力な働きです。ところが、いじめられる子は異人的役割を持たされるわけですが、もとは同じなんですよね。どこかからやって来たからいじめられるのではなくて、もとは同じだったのに急に異人扱いにもっていかれる。そこが重要ですよね。

赤坂　そこはポイントだと思います。民俗社会のまれびと信仰を見ていると、よそからやって来る乞食《こじき》みたいな汚らしい存在が、弘法大師のような聖なる存在と二重写しになって見えます。ですから、その乞食を歓待しておかないと祟《たた》りを受けるかもしれないとか、すごくアンビバレントな、たとえば畏《おそ》れと敬いという気持ちが、いつでも重なり合って出てくる。そういうメカニズムがあったと思います。ところが現代の、少なくともいじめの現象のなかでは、そういうことはないですね。

このことの一つの例になるかどうかわかりませんが、ぼくは転校生の問題に関心があるんです。

河合　転校生は異人ですね、ある意味で。

赤坂　実は、少年マンガ・少女マンガのなかで転校生の果たす役割は非常に大きいんです。転校生は多くの場合、マンガという物語世界のなかでは集団を救済する役割を背負ったり、何か新しい方向へ集団をもっていくようなプラスの役割を果たしています。だから物語の主人公になりうるわけですが、たとえば『あしたのジョー』の主人公の少年は、明らかに外からふらっとさすらって来て、悪さをして少年院に入れられ、そこでボクシングに出会ってその世界の頂点にのぼりつめていく。彼もある意味では出自や来歴があいまいな存在ですが、そういう上昇転化のプロセスは、窮屈ないまの学校社会のなかではなくなっているんじゃないでしょうか。

ぼくらの少年時代にはまだ、転校生は『風の又三郎』のように結構エキゾチックな雰囲気を漂わせていて、みんなで取り囲んでいろんなことを聞いたり、ものをあげたりもらったりしながら、少しずつなじんでいく、不思議と魅力のある存在であったりしました。と同時に、ぼくの記憶をまさぐってみると、転校生は、ある場合にはいじめられもします。

河合 それはさっき言われたように両義性を持っています。

赤坂 でもいまは、転校生がそういうかたちでプラスの方向にうまく乗るのは非常に難しいんじゃないでしょうか。

河合 難しいでしょうね。転校生でいじめに遭っている子は多いと思います。その典型は海外帰国子女で、ものすごくいじめに遭っている。中には、うまく乗ってちょっとヒーローになる子もいますが、数は少ないでしょう。

たとえば海外から帰ってくると、本当のネイティブな英語の発音をするでしょう。すると、先生がすごく機嫌が悪くなる。先生はジャパニーズ・イングリッシュをやっていますから、その子が英語をパーッと言うと、ムカッとくるわけですね。実際にあった話ですが、ある先生は「ここは日本の英語を教えているところです」と言った（笑）。それでその子は完全にいじめの対象になる。

つまり、その先生の言葉で、一方に日本語英語集団ができる。そして、帰国子女のほうは変ジャパ（変なジャパニーズ）というあだ名がついてからかわれる。そうではなくて、先生が「あなたの発音はきれいだ。みんな、この人の発音を習いましょう」ともっていったら状況は全然違うのでしょうが。

赤坂　ぼくは「異人論」のなかで異人を六つに類型化しました。一つは集団の端っこをかすめてどこかへ去ってしまう漂泊者、それから、別の集団からやってきた来訪者、三つ目は一時的な滞在者、四つ目が周縁部に排除されるマージナル・マン、五つ目に帰郷者を立てました。海外帰国子女は帰郷者だと思います。そして最後がバルバロスで、それこそ野蛮人扱いされるような、本当に厳しい差別の対象になる人たちです。

ぼくは、帰郷者の問題もすごく大切な問題だと思うんです。つまり、いまの海外帰国子女の問題であれば、バイリンガル、複数の言葉を使うということがいじめの要因になっていくわけです。

河合　うっかりすると、その分類を一挙につぶしてバルバロスのところにみんな持っていかれる可能性があります。その分類のようにきれいに選択するのではなくて、みんないっぺんに「それはだめだ」「こいつはおかしい」というふうになる勢いみたいなものがあるわけです。そこがすごく問題だと思います。

均質化と差異探し

河合　いまの異人のいろんなタイプみたいなものが、みんなのこころの中に分化してあったら、少しぐらい変わった子、面白い子、弱い子がいても、ちゃんと価値評価ができるはずです。それがいまなくなっているところが、いじめのすごく大きな問題だと思います。

赤坂　やっぱりなくなっていますか。

河合　ええ。ぼくの考えでは、「よい子」の定義が単純になりすぎているんです。よい子がいろいろいると、悪い子もいろいろいてもよいけれども、いまよい子というのは、勉強ができて成績のいい子というのが明確にあるでしょう。すると、それ以外のいろいろと面白いものの存在が危なくなってくる。私はそれが大きいと思っているんです。

赤坂　ぼくが漠然と感じるのは、均質化というのか、異質なものに対して極端に寛容性がない。ある意味では学校という集団が非常に均質化されてしまったために、異質なものとの出会いの場とか通路というものがなくなってしまった。ですから、ほんのちょっとした違いがものすごく大きな差異になって、それこそバルバロスのように変身を強いられてしまうということが起きているような気がします。

河合　均質化というのは、均質化させられるということで、各人がものすごく圧力を被《こうむ》っているわけです。本当はみんな違うはずなのに均質化させられるから、実はどこかこころの中でむかむかしている、あるいは、こころの中に何か抱えているわけですね。その中で、いやなほうのイメージを背負うやつが集団内に出てきた場合に、すごいエネルギーでそれに立ち向かう。

赤坂　不思議なくらい周りと一緒にやろうとしますよね。たとえば同じテレビドラマをみていないと会話が弾まないとか。なぜみんなで同じになろうとするんでしょう。あれはものすごく強迫的な感じがします。

河合　みんなが同じことをしながら、どこか不満というか、そういうものを抱えている。どこかに出したいと思っているのを、だれかが一挙に引き受けるわけでしょう。いま言われた異人の分類というのか、こころの中でもう少しディファレンシエートされて、少なくとも親とか教師たちが異なることの面白さを知っているということが大事なことだと思うんです。そういうことがなさすぎますね。よい子といったら、あまりにも明確に決まっていますから。

赤坂　始末が悪いのは、よい子像にぴったりはまった子もまた、ある場合にはいじめの対象に引っくり返ることがあるんですね。

河合　できすぎても腹がたつからね。全然対象にならないような子が、何かのはずみでバンと反転することが起こりうる。

赤坂　過剰であることが忌避されるのだと思うんです。

河合　よい子のことをイイブリと言ったりしますね。

赤坂　子どもの集団を遠くからながめていると、暗すぎるといじめられるし、明るすぎると、逆に目立ちたがりとかいっていじめられっ子になってしまう。そのへんのバランスを、周囲を常にうかがいながら、それこそ偏差値の五〇からあまり遠ざからないように、一生懸命に調節している。そういう処世術をいまの子どもたちはものすごく磨いています。そんなこと、どうでもいいと開き直ることができれば楽なんでしょうがね。

河合　いま言われたことは、現代のいじめの大事な本質だと思います。そういうものが底流にあるところに思春期という問題が重なると、むちゃくちゃなことを爆発的にやってしまう。

教師のホンネとマスコミのタブー

赤坂　いじめられっ子が悪いのか、いじめっ子が悪いのかという問題があります。たとえば新聞の論調では、いじめっ子が悪いのであって、いじめられっ子は悪くないのだというのが建前としての見方です。ところが、現場の先生などと話をしていると、ふっともらされる、本音だと思うんですが、いじめられっ子にはいじめられる理由が確実にあるんだ、と。そういうことを現場の先生たちは声なき声として抱え込んでいます。そのへんはどういうふうに思われますか。

河合　そのことも大事です。それについてはもう一つ、父兄のほうが学校に言っても取り上げてもらえないとよく言うでしょう。先生はこころの中でいじめられる子のほうも悪いと思っているけれども、それは言えないから「お聞きしておきます」とかいって、そのままになってしまうということがあると思います。

たしかに、何もないのにいじめが起こることはなくて、いじめられる子が何か持っているからだけれども、ただし、それが必ずしも悪いものとはいえない。

もう一つの問題は、いじめられる側に回ってしまったら、そこから抜け出るのは大変なことです。たとえば「あいつはよくサボる」ということでいじめられるとする。今度、頑張ろうと思って熱心にやると、「サボリのくせに熱心にやった」といってまたいじめられる。何をやってもだめなんです。

つまり、いっぺんいじめられる側に回されると、その子だけとれば、先生から見ると「おかしい子だ」ということになるので非常に難しい。ただ、いじめる側が悪くて、いじめられる側は悪くないという、その「悪い」という判断がそこに入ってくること自体に問題があると思います。

赤坂　そういう気がします。

河合　そして、一種のタブーみたいなものができてくる。すると、いじめられる側を少しでも攻撃するようなことは新聞紙上ではなかなかいえない。そういう非常に奇妙なことが起こってきます。

ぼくはアメリカ人といじめの問題を話したことがありますが、たとえばいじめられて自殺する子は、アメリカ流にいうと悪い子になるわけです。キリスト教のタブーを侵しているわけですから。ところが日本では、死んだ子を悪い子とは決していえないわけでしょう。アメリカ人だったら、そんな子は悪い子と思っているから、新聞の論調も日本とは変わってくるわけです。

新聞の論調によって、子どもはまた影響されます。だから新聞が、死んだ子のほうが正しくて、下手をすると英雄になるぐらいの書き方をしたら、死ぬ子を増やすことになるわけでしょう。そのへんもたいへん難しい問題です。

赤坂　ぼくもそれはすごく感じます。叫び声を遺書のようなかたちに残して亡《な》くなったといったニュアンスで、自殺した子どもを英雄のようにみる、引っくり返った風潮があると思います。それが次から次へと自殺する子どもたちを生んでいる。見えにくいけれども、そこでマスコミの果たしている役割は大きい気がします。

河合　いまは新聞はちょっと反省に入っているのかもしれません。前ほどセンセーショナルに書かなくなっているように見えます。いずれにせよ、あれは新聞記事の書き方の大きな問題だと思います。

赤坂　こういうことはとても言いづらいんですが、たとえば一人の子どもが遺書を残して自殺した。その遺書の中に、何々ちゃんにいじめられたと書いてあった。だから、これはいじめによる自殺だと断定しますけれども、ぼくは自分のくぐり抜けてきた思春期の体験を考えても、自殺をするというのは、それほど単純な一つの理由からとはとても思えないんです。おそらく見えないいろいろな条件が重なっている。ぼくなども、すごく死に近い場所を歩いてきたりして、そのときに親や先生に何ができるかというと何もできなかったと、よくわかるわけです。そういうこととはかかわりなしに、死のほうへ行ってしまう思春期の怖さ、危うさというのがあります。そういったことには全然触れないで、いじめによる自殺とくることがよいことなのかどうか。

河合 十年ほど前に子どもの自殺が新聞に取り上げられ、やっぱり母親にしかられてとか、先生にしかられてとかいうので、子どもをうっかりしかったら死ぬのではないかなどといわれたことがあるんです。それでぼくはある新聞記者に、あなた方はすぐに理由を書くけれども、本当に理由を書きたいのなら徹底的に調査してほしいと言ったことがある。そうしたら、ある子どもが亡くなったときに総力を挙げて調査した。そして結論は「理由はわからない」。それが当たり前です。本当に調べていったら、人間がなぜ死んだのかなんて簡単にいえないない。

われわれは、死んでしまったことに関しては、非常に慎重にものを言わないといけない。だからぼくは、新聞社からコメントを求められても全部断るんです。本当の理由は絶対にわからないですから。いま赤坂先生が言われたとおり、遺書にこの文章があったからこれだけが原因だと、そればかりに集中するのは、非常に大きな問題だと思います。

下手に新聞などでこうしたコメントをすると、すぐに「お前はいじめを擁護するのか」となってしまうので困るんです。もちろん、死んでいくことにいじめが一つの要因にはなっているかもしれませんが、それがすべてといい切るのは非常に問題です。

赤坂　批判を回避するためではないですが、ぼくは、いじめられっ子も悪いんだ、いじめられる原因があるのだという現場の先生たちの本音の意味をちゃんと考えてみたいんです。たしかに、そういう場合もあるかもしれないと思います。しかし、ある子どもが暗いから、協調性がないから、英語を向こうふうにしゃべるからいじめられるといいますけれども、その原因と結果とは全然結びついていないんです。いじめられているという現実から振り返ってみればわかるんですが、何々だからいじめられて当たり前ということではまったくないわけです。

人間はみんなそうだと思いますが、それぞれ小さな差異を抱え込んでいます。その差異にたまたまマイナスのレッテルをはられて、何々だからお前はこの集団から排除されるのだ、いじめられるのだというのは、おかしいわけです。だから、いじめられっ子も悪いのだという、現場の先生たちのつぶやきの意味を、もうちょっときちんと検証してほしいんです。

本当に、その理由があるからいじめられて当然だというふうになるのか。ぼくはならないと思います。そこで線を引きたいという気がするんです。

河合　どういう原因でいじめられたかというのではなくて、いじめの現象が起こらざるをえない大きなものが背後にあるということに注目していく必要がありますね。

たとえば、英語らしい発音をする子が無理にジャパニーズ・イングリッシュにしたら問題は解決するかといったら、そんなことはない。その子はいじめられなくなったとしても、だれかほかの子を探すでしょう。どこかにいじめる対象を見つけたいという力学が働いているわけですから。

赤坂 いまの子どもたちは、いろんな場面で、たとえば英語をネイティブのように発音できるくせにそれをうまく隠して、日本的な英語を発音するというようなことに必死で努力していると思います。他人より優れていても、それをうまくオブラートに包んで相手に反感を持たれないようにする。そういう努力は虚《むな》しいし、それをやっていると、みんなドングリになっていくような気がします。

アメリカのいじめ、日本のいじめ

河合 いまのいじめは日本文化の特性といえるかもしれません。しかし、いじめの問題は日本だけではないんですね。日本だけなら非常にわかりやすい。日本の文化的現象と言いやすいんですが、ほかの国でもあるわけですね。

赤坂 欧米のいじめとどう違うのか、あるいは同じなんですか。

河合 おそらくちゃんと研究すれば、相当に差異が言えるのではないかと思っているんですが、まだそういう論文を見たことがありません。これを本格的にやるのはすごく難しいと思います。

海外の人と日本の人とが一緒に、いじめの話し合いをしたりしていますが、そういう場合でも、いじめは悪いからやめようという話にすぐになってしまうんです。そうではなくて、いじめのあり方がどう違うかということをもっと深めるべきだと思うんですが、そういうものはまだちゃんと出ていないと思います。

日本とアメリカを比べると、アメリカの場合、強きもの、できるものが、弱いもの、できないものをいじめるというパターンがまだ強いかもしれません。日本のような、ドングリが集まっているという感じではないと思います。

ぼくがいま非常に関心があるのは、日本人はみんな周りのことを考えながら同じことをやっているでしょう。では、アメリカ人は非常に個人主義で自由主義だから、みんなばらばらにやっているかというと、実は日本人とまったく同じことをしているふしがあるということなんです。アメリカの児童文学などに面白いことが出てきます。中学生ならちょっとはズボンが破れていないとだめだとなると、ワーッとみんなが同じようになるところがあります。そして、それと違うことをすると、やっぱりいじめに遭う。

だから、日本人のこころのメカニズムとは違うけれども、アメリカ人がよく言うコンフォーミティ——みんなが同じことをするということがあって、そこから外れたものはいじめに遭っている。これをどういうふうに説明するか、ずっと考えているところです。

ぼくが思うのは、日本人の場合、ともかくほかからずれてはだめだという考え方です。ほかからずれたらやられるというので、みんな似ている。ところがアメリカ人の場合、何か正しいことがあって、正しいことはみんなでやらねばならない。しかも、正しいことは唯一《ゆいいつ》だという考え方があるんです。唯一の正しいことに向かってみんなが進むから、タバコをやめるという話でも、タバコを吸ってはいけないことになってしまうと、それがプリンシプルになってしまう。日本人はタバコを吸う人が少なくなったからやめようという感じで、プリンシプルではないんですね。

何か一つのプリンシプルにワーッと固まって、それに外れているものはやられるというパターンが、どうもアメリカにはあるような気がします。だから、日本と似ているけれども、違っているんじゃないかと思うんです。

赤坂　日本ではムラハチとかハブという言葉がありますが、たぶんアメリカのいじめでは村八分という観念はないと思うんですが。

河合　もっと直接的でしょうね。殴るにしろ蹴《け》るにしろ、やたらひどいですが、ムラハチ的感覚ではないと思う。

赤坂　そうだと思います。

河合　欧米でも日本と同様いじめが多いということは、管理社会というか、親が子どもを管理するシステムが昔よりもきつくなってきているということが大きいのではないでしょうか。子どもがどうしても何か圧力を感じているわけで、その圧力をどこかではき出そうと思ったらいじめがいちばん簡単ですから。ただ、そのあり方とかは日本とかなり違うんじゃないかと思います。これは今後の研究課題です。

「いじめ根絶」論の危うさ

赤坂　どうしてすぐにいじめは悪いという結論になるんでしょうか。

河合　それは、最近、いじめの程度がひどくなって、自殺などが出てきたから急に言いだしたのであって、いじめは神代以来あるわけです。どこの文化にも歴史が始まってからずっとあるわけでしょう。ところが、いまのいじめは、さっき言われたように、一人に対して集中的に来るので程度がひどくなり、命まで関係することになってしまった。「適切ないじめ」があるかどうか知りませんが、ある程度のいじめは、人間がいる限りあったんじゃないかと思います。

赤坂 ぼくはそのへんを区別したい気がするんです。つまり、いじめが悪いという風潮が強迫的に進んでいくと、どうしてそれがいじめなのかというようなことまで、いじめという認定を受けて抑圧されていく。

河合 「それはいじめだ」といういじめが始まる。

赤坂 そうなんですね。そうやって抑圧されていくと、さらに窮屈になります。それで、さらに見えないところで陰湿な暴力の噴出になっていくような気がしているんです。

たとえば、いじめが悪いといっている大人の社会がありますか。ぼくは、どう見てもその大人の社会にはいじめが蔓延《まんえん》しているとしか思えないんです。企業もムラのような状況で、違うことをやると、締めつけが厳しくて追い出されたりする。そういうことをいくらでもやっているじゃないですか。

当事者である子どもたちが直接かかわる母親の社会などは、ものすごく厳しいいじめ社会です。間接的に聞こえてくる声ですが、いま三十代ぐらいの母親はいじめという体験をくぐり抜けてきていて、いじめに関する勝ち組、負け組がはっきりしているわけです。勝ち組の女性たちはいじめの快楽を知っているんですね。自分の子どもたちがいかにいじめられないようにするかということも、結構裏でやっています。

そういう親あるいは大人たちを見ていると、いじめが悪いという建前を子どもに押しつけることが、かえって抑圧して窮屈さを強いているような気がするんです。

河合　そのとおりだと思います。ただ、難しいのは、いまの時代が、まだまだスローガンに動かされているし、教育の場面がとくにそうですけれども、一種の教条主義なんですね。すると、「少しぐらいのいじめはよいですよ」なんていったら、そういう甘い気持ちでいるから起こるんだと言われてしまう。いじめの根絶などは絶対にできないけれども、スローガンとしては、「いじめの根絶」といったほうがみんなが賛成するんです。これが教育におけるたいへん難しい問題だと思います。

それから、ぼくは昔のことを思い出すんですが、われわれの父親や母親は、ウソをついてはいけないとか、ものすごく言っていました。しかし、忙しいから子どもをコントロールする暇がないんです。だから、上手に「自然現象」のほうが巻き返してくる。つまり、ぼくらは修身を習っているわけですが、修身で教育を受けているのに、ちゃんとぼくのようないい加減な人間ができるように自然の巻き返しがある（笑）。いまは、教師や親がその気になれば、子どもの自然の巻き返しは完全に抑えつけられてしまう。それが非常に問題ではないかと思います。

毅然《きぜん》とした態度をとることと、いじめの根絶とか、絶対になくそうということとは違うんです。ここからは絶対に許さないというのが毅然とした態度だと思うんですが、それと、全部なくそうというのとは違うわけです。いまは毅然とした態度が、全部なくそうというスローガンになっている。このこともちゃんと批判すべきだと思います。

赤坂　いじめの議論には、タブーが多いような気がします。たぶんいまここで言っていることは、たとえば「いじめを根絶しよう」などというシンポジウムでは袋だたきでしょう。いじめられちゃいますよね。

河合　いわゆるマスメディアのなかで発言すると、本当に誤解されますからね。ぼくは、いじめに対する毅然とした態度というのは何もかもなくそうというのではなくて、ある線からは一歩も退《ひ》かないという態度だと思っています。

ムラハチという「知恵」

赤坂　日本社会で村八分が本当にあったのか、疑問視されるところもありますが、民俗社会では、契約とか講とかいうムラの秩序を支えている共同のきずなみたいなものに対して背いた家が、程度の濃淡はありますけれども、火事と葬儀を除いて村八分の対象になったわけです。子どもたちが、その言葉を自分たちの学校という現場に応用したときの舌を巻くような賢さというか、それにはびっくりします。

河合　学級の先生には絶対にわからないしね。

赤坂　直接的に殴る、蹴るの暴力を振るえば見えやすいのですが、たとえばシカトのようなかたちでみんなで無視する。これは、絶対に教師には見えないですよ。

みんなに無視されることがどれほど子どもにとってつらいことかは、当事者になった子どもがいちばん身にしみて知っていますね。その恐怖は村八分にみごとに繋《つな》がっています。そうしてシカトがパーッと広がって、村八分という言葉を呼び込むかたちで子どもたちがいじめをやっていくところに、ある意味で日本的な特徴があるのだろうと思います。

ただ、村八分に関する民俗学の論文などを読んでも、やっぱり理由はあるんです。何もないところでそんなことをやれるわけがありません。ところが、いまの子どもたちは、それこそ火のないところに煙を立たせるようなかたちで、ほんの小さな差異もバルバロス的な、シンボリックな差異に仕立て上げてゆくわけです。だから、そのへんの距離や落差も測りたいと思っているんです。

河合 これは思いきった言い方すぎるかもしれませんが、人間が集団で生きるということは大変なことです。だから歴史始まって以来、人間は集団で生きるためのいろいろな知恵を働かせてきました。それで村八分も、それがあるほうが集団は非常に安定する。あるいは、村全体でどこかと敵対関係にある場合、その集団は安定する。敵もいない、村八分もない集団が安定するというのは、ものすごく難しいことなんです。

ある意味でいうと、昔の社会は、たとえば人身御供《ひとみごくう》のように非常に残酷な方法を駆使して全体の平和を守ろうとしたわけです。ところが、近代になるほど、野蛮な風習はやめていったけれども、われわれはちゃんと野蛮なこころを持っていますから、どこかで自然発生的に変なことをやらざるをえない状況に追い込まれている。みんな自由で平等で、博愛ですよと教えておいて、現実にはどこかに野蛮なもののこころのはけ口をつくらざるをえない。このことも考える必要があると思います。

本当に、自由・平等・博愛で生きようと思うと、自分のこころの中にある影の部分というか、そういうものを各人がものすごく意識すればいいけれども、意識しないから、それを固めてだれかにパッともっていくわけでしょう。赤坂先生は『排除の現象学』（ちくま学芸文庫）の中で「分身」という言葉でいじめを説明されておられたけれども、ほんとうにそう思います。この問題は、近代社会の持っている大変な難しさが入っていると思うんです。

赤坂　そうですね。河合先生がいまご指摘になられた影の問題は、学校という場にかぎらず近代社会に普遍的に見出されるものですね。ぼくはそれを「内なる他者」と呼んでいますが、そこに「分身」をめぐる問題が絡んできます。どんな集団でも均質化が極限まで押し進められれば、その集団のメンバーはかぎりなく分身化していきますね。そうした決定的な他者が存在しない場所では、似たり寄ったりの顔をした分身たちが、自分のなかに抱え込んでいる「内なる他者」をグロテスクに誇張しながら、集団のなかのだれかに投影しつつ、バルバロス的異人に仕立て上げてゆきます。今の学校という場で起こっているいじめは、「内なる他者」と「分身」をめぐる主題に覆われている気がしますね。

暴力の抑圧といじめ

河合　さっきサンドバッグという話がありましたが、いじめのなかには暴力という問題があります。これが難しいのは、先生による体罰の問題がからんでくることです。先生の体罰は許容したほうがいいと言う人も中にはいるぐらいですが、実際に体罰で子どもの命が失われるなんてことも起こったわけです。それでわれわれは、体罰は絶対にいけないと言っています。ところが、子どもたちは子ども同士ですごい暴力を振るっている。単純なことを言う人だったら、親が暴力を振るうから子どもが振るうのだというけれども、子どもに対して教師は暴力を振るわないようにちゃんとやっているわけでもないでしょう。そもそも人間における暴力の問題も、もっと考えていいと思うんです。

赤坂　暴力の問題は現代社会ではタブーですね。その窮屈さもあると思います。

河合　ぼくらの子ども時代は、暴力は褒められはしなかったけれども、なんとなくみんなやっていました。それはさっきの村八分ではないけれども、一種の仕掛けみたいなもので、集団でだれかを殴るといったことをやっていても、どこか儀式化されている。だから、むちゃくちゃひどいことにはならない。けれども、ある程度の殴り合いは許容されていたんですね。

たとえばこういうことがありました。われわれがAという学校に属していたら、Bという学校とは絶対的敵対関係にあるわけです。それは公認されているようなもので、Aの近くにBのやつが来ていて見つかったら、みんなで殴る。その代わりAの人間がBの近くに行ったら向こうで殴られる。それで復讐《ふくしゅう》とかいってやっているけれども、すごい暴力ざたになる前にはだいたい収まるという格好で、人間の持つ暴力性が思春期のときにある程度出てくる仕掛けを持っていたわけでしょう。そういうことが絶対にいけないことになってしまった。これもまた難しい問題だなと思っているんです。

そういう子にはスポーツをやらせたらよろしいなどというけれども、なかなかそうはいかない。

赤坂　いま番長などという言葉は死語なんじゃないですか。少年マンガの世界では番長は生きているのかもしれないですが、現実の子どもの集団のなかで番長なんていったら笑いものでしょう。番長という不良の一つのかたちには、様式性があったと思うんです。

河合　そうそう、不良というのは様式をもっている。

赤坂　ぼくなどは全然体力もないし、けんかもしなかったけれども、番長に憧《あこが》れたわけです。いまは番長なんてマンガ世界にしかない。どうしてそうなったのか。暴力に対する非常な抑圧が一律に働いていて……。

河合　日本はあまりにもね。昔だって、なにも暴力がいいなんてだれも言っていないし、見つかったときにはちゃんと教師に怒られたりしているけれども、ある許容度の線内で適当な、面白いことが起こっていた。いまはそれが徹底的に起こりにくい。

赤坂　身体的な暴力の抑圧ということと、ストレスを発散させる、窮屈な場所から逃げたいということとが結びついたときに、実際的に手を下さないシカトみたいなものがすごい洗練されたいじめの技術になっていく。それは必然だと思います。

シカトという何もしない負の、あるいは透明な暴力が出てくるわけですけれども、手を下さないんですから、教師や親にしかられても、暴力は振るっていないと返せます。子どもは暴力の抑圧から逃げたいわけです。そのあたりをうまくすり抜けるかたちで、見えない暴力としてのいじめをつくり出してきたなという気がします。シカトを止めるのは非常に難しいと思います。

河合　それは止めようがないし、だいたいよっぽどよく子どもたちに接している人でないと、その存在が見つからないですよ。

赤坂　見つかってやめろと言われても、状況はまったく変化していませんからね。

河合　それでやめたといったって、ほんとうのところはわからない。

赤坂　新聞などで話題になる、いじめが一つの要因になって自殺した子どもの話などには、そういうシカトレベルではなくて、はっきり言えば集団暴力の話が結構出てきています。しかし、それはいじめと名づけてはいけないのではないか。あれは明らかに暴行事件です。そういうものまでいじめということになるのは、「どちらも子どものやっていることだ」みたいなすくい取り方をする部分があるような気がするんです。

河合　ある程度を越えれば、暴行事件だから刑事事件であるという毅然とした姿勢が絶対に要ると思います。それをいじめということで全部ひっくるめて、いじめはいけないと言っていると、ガンの転移を奨励しているみたいなことになる。

赤坂　恐喝、暴行なんていうのはいじめじゃないですよ。それを一緒くたにしていじめというのは、何かをごまかしている、隠そうとしているような気がしてしまう。それをいじめと名づけると、いじめられっ子も悪いところがあったんだとかいう話になってきたりして。

河合　一緒くたになると本当のことが見えなくなります。理由などを考える前に、暴行事件ははっきりと裁断すべき行為であるという厳しさはいると思います。

赤坂　子どもは大人社会の建前のウソをよく見抜いていますからね。

河合　そうです。

赤坂　怖いくらい見抜いていますよね。だから、大人たちが「いじめはいけない」「暴力を振るってはいけない」と建前の倫理を押しつけてくるときに、いまの子どもはストレートには来ないで、横にそれながら思いがけないかたちで抵抗あるいは反抗をします。

河合　そのときに、そういう抵抗の意味を考えて対処するというのではなくて、また何かを押しつけることによって抑えようとするから、どんどんエスカレートして、とうとういま、ものすごく目に見えるかたちのいじめ問題という格好でワーッと出てきたわけでしょう。いままた根絶する方法などという考え方にもっていくと、問題がすり替えられるというか、なにも見えてきませんね。

赤坂　様式化された番長の世界には、たぶんそれにふさわしい大人の介入の仕方があったと思います。たとえば番長と話をつけて、仁義をきるとかいうかたちで解決するみたいな。いまはそういう時代ではないし、状況でもない。金八先生というのが最悪なんじゃないでしょうか。あんなふうに解決できるものなら楽ですよ。たぶん解決しないとぼくは思いますね。

転校・登校拒否の自由化をめぐって

赤坂　教育とか子どもというのは分厚いタブーに包まれています。何かを公《おおやけ》の場で語ろうとすると、いろいろなものが絡《から》みついてきて、こういうことは言えないとか、たくさんあります。そのあたりから変えていかないと。

河合　それがいまちょっと変わりつつある感じがします。あまりに問題が難しくなってきたでしょう。だから、いままでどおりのタブーを守ったり、いままでどおりの建前の話をしていてもだめだという認識が、教育者の間にも出てきたんじゃないでしょうか。だから、われわれも少しものが言いやすくなった感じがします。

赤坂　いじめられたということで登校拒否になったりして、河合先生のところに来る子どもも多いわけですね。

河合　そうです。そもそも文部省が、いじめられて学校に行きたくないのなら無理に学校に行かなくてもいい、転校したほうがいいのならしてもかまわないと、いいだしたわけでしょう。前なら、そんなことで転校などけしからんと、上から決められているルールにみんな縛られていた。ところがいまは、一人の子どもを中心に考えて、そこは少し変えてみようとなってきたのだから、ぼくらから言えば、日本の教育もよいほうに変わってきていると言えます。

赤坂　最終的な手段として転校があるわけですね。日本の場合、いじめられっ子が転校する。ところが、イギリスやノルウェーではいじめっ子を転校させることで解決するのが最終的な手段だというわけです。ぼくは、その差は大きいと思うんです。

どちらがいいとは必ずしも言えないんですが、いじめっ子を転校させるというようなことが日本の文脈で可能かというと、かなり難しいと思うんです。つまり、一対全員ですから、全員を転校させるわけにいかないし、どこまで関与したのがいじめっ子なのか、線引きできないですから。たぶん、いじめの状況が違うのだろうという気がします。

河合　おそらくそうでしょうね。

赤坂　そういう海外からの情報が伝わってくると、今度、新聞の論調では「いじめられっ子を転校させるなんて。いじめっ子をこそ問題にしなくてはいけない」とすぐに来る。たしかにいじめられっ子を転校させるのが解決策だとは思わないけれども、いじめを取り巻く背景や状況がかなり違うのだろうと、ぼくなどは留保したくなるんですね。

河合　それはもっと研究する価値があると思います。あちらのいじめでは、ものすごく凶暴ないじめっ子が存在するんじゃないでしょうか。日本のいまのだいたいの傾向は、むしろ全体的なものが大きいですから。

赤坂　ぼくの小学校時代を思い出しても、ものすごく粗暴な子がいて、クラスメートに暴力を振るって泣かしたり、授業中に突然暴れ出して机を引っくり返したりしていました。たしか、その子は転校させられたような気がします。そうした問題ではないんですよね。

河合　いまは違います。

赤坂　日本の文脈では、いじめられっ子が転校する自由とか、学校に行きたくないと拒否する自由とか、そういうバイパスをたくさん通していくのが、とりあえずの方法としてはいちばんいいのかと思います。

河合　そのバイパスはいまは相当増えました。それは日本の教育にとってはすごくいいことだと思います。

ところが不思議なのは、そういうことを文部省がいっているのに、学校現場に行ったら、いつの間にか固い話に変わっているときがあるんです。むしろ個々の現場の人たちのほうが、まだまだ固いことを考えている。これは変えなければいけない。

なぜ一九七〇年代後半からなのか

河合　なぜ一九七〇年代後半から、かなり特異ないじめが日本の社会に現われたのか、ぼくは、むしろ日本の教育がずっとやってきたことの成果が、といっても悪いほうですが、ついに出てきたと見ているんです。日本の教育の方法、やり方で、ある程度まではうまく行っていたのが、究極にまで達してパッと悪い面が出てきている。いまみんなが日本の教育を考え直そうとしていますが、それのきっかけになるような悪いことがとうとう出てきているからではないかと思っているんです。

赤坂　余談ですが、いじめが社会問題として浮上しはじめた時期と、漫才ブームが重なっているんです。たとえばツービートが出てきたりしたその時期の漫才の笑いは、市民社会が抑圧してきた建前としての「弱者には優しく」とかそういうものを全部転倒させて、老人を口汚くののしるとか、とにかく弱いもの、汚いもの、暗いものなどを徹底的に攻撃するものでした。しかも、漫才という文化装置の許される範囲でやったわけです。その漫才ブームを支えたもの、つまり、抑圧があまりにも厳しくなり窮屈になって、何かで発散しなくてはいられないような状況のなかで、ああいう漫才ブームが起こり、子どもたちの社会では、同じようなかたちで、大人が建前として押しつけてくる自由・平等・博愛的な原理みたいなものに対して、抵抗を始めたという側面があるんじゃないかという気がします。

河合　ぼくは残念ながらテレビをほとんど見ないのですが、聞いたところでは、たとえばお昼の番組などでは、だれかをみんなの前でいわばいじめることによって笑いものにしたりしているわけでしょう。遊び半分だけれども、相当きついことを言ってやっている。子どもは、いじめの模範をテレビで見ているようなところがあるんです。

というのは、漫才という現実からちょっと離れたパターンでは満足できなくなったわけです。だから、もっと現実に近い格好でお笑い番組の中でいじめをやっている。いま、それがもっと現実に入ってきている。そんなふうに考えてみたら、とてもよくわかります。

赤坂　なぜ一九七〇年代の後半からかという問題ですが、教育の世界で問われているのかどうかわからないんですが、一九七九年に養護学校の設置の義務化が行なわれています。ぼくは、それが大きいんじゃないかとひそかに思っているんです。つまり、ふつうのそれまでのクラスの中には、ある程度の差異を帯びた子どもが一緒にいたわけですが、あるとき消えたわけですね。そして、特殊学級とか養護学校というかたちで隔離された場所に追いやられていった。そのとき一気に、教室という秩序のなかで眼に見えやすい差異がなくなったと思うんです。差異がなくなったがゆえに、お互いが分身にならざるをえなくなり、ぼくのその当時の言葉で言えば、相互暴力の蔓延《まんえん》するような状況に陥っていったのではないかという気がしています。

河合　教育に対する考え方を日本人全体が変えてくれないと、差異を認める教育は戻らないですね。つまり、能率よくという言葉で差異を認める教育は終わるわけです。能率よくみんなを教えるために、能率から落ちる子は別にしましょうという考え方が出てくるわけでしょう。そのときに、能率が悪くてもいいからいろんな子どもを含めてやっていることに意味がある、教育はそういうものだということをみんなが認識してくれないと、ものすごく難しいです。

赤坂　そういうかたちで養護学校に行かなくてはいけないというふうにすることがよいことなのかどうか、ぼくはちょっと留保したいんです。そうではなくて、義務化されてもう十五年ぐらいたつわけですから、その制度が本当に現実的に機能しているのか、よいほうに働いているのかという議論が必要だと思うんです。でも、こうなったからということでもう誰も触れない。そのほうがぼくは問題だと思います。

一つの選択をしたのですから、その選択の結果がどういうことだったのかは、きちっと問われたほうがいいと思うんです。

河合　そういう追跡研究が日本は不足していることは明らかです。つまり、もう決まったとなると、それで日本人はおわりなんです。一方アメリカ人のよいところは、追跡研究をすることです。日本の場合、何か変わったら、そうなりましたということで、それをもういっぺん変えるのはおかしいと思うけれども、アメリカでは、追跡研究をしていって、おかしかったらちゃんと変えます。追跡研究は絶対にやるべきです。

一学級の生徒の数を少なくしようという運動がいまありますね。少なくしたら、ますますそういう子どもたちを一緒に入れないといけない。いろんな子がいるからいいんだというふうにしていかないとだめです。

みんなが考え方を変えて、できない子もいるし、できる子もいるし、いろんな子がいて平気で二十人でやれるという気持ちになったら、一人の先生でおやりになっていいですが、いまの日本人の考え方のままでクラスの人数を少なくし、難しい子どもは養護学校に行きなさいということをやっていると、均質化が強まり、もっと問題が深刻になります。

教育に変化のきざし

河合　だからこの際、抜本的に考えないといけないのでしょう。単純に、いじめをなくそうというような考え方をしていたらだめだと思います。

日本人全体が持っているパターンの問題点が、非常にはっきりと子どものところに出てきていると思います。だから、これを機会に変えなければいけない。いま変えようという気持ちもちょっと出てきているんですね。

そもそもスクールカウンセラーを学校現場に入れるなどというのは、いままでなら考えられもしないことです。そういうものを現場の先生方が受け入れて実際にやっておられるというのは、大したことです。教育というのは聖域で、絶対に他人を入れないと思っていたのに、まさに異人を入れたわけですから。教育界が異人を受け入れて、しかも協力するようになったというのは、すごく面白いことです。

スクールカウンセラーはだいぶ成功しているみたいです。彼らは、それこそ聞くことを訓練されていますし、点をつけるわけでもなければ、聞いたことを他人に言うわけでもない。塾の先生と非常に似た立場で学校に入っていくことによって話を聞いているわけです。

この前、関東ブロックの小学校の校長先生の集まりで講演を頼まれました。ぼくは、してもしょうがないから講演なんてしませんと言っていたんです。そうしたら、「講演ではありません。校長たちが話し合って、校長の持っている問題を代表が壇上で先生にぶつけますから、それに答えてください」というんです。面白いと思ったので行ったんですが、その場で対話しようということなのでしょう。いままでの校長先生には考えられないことです。

会場からも、「こういう問題を先生はどう考えますか」と質問してくる人がいます。校長先生にそれだけの柔軟性が出てきたわけです。何かお話を聞いて帰りましょうといったことはもうやっていられない。その場で講師にぶつけて言わせようとする。ぼくは「きょうは面白かったでしょう。こんなに面白いことなら、みんな各学校に帰ってやってください」と言ったんですが、校長先生が自分の学校でぼくの役割みたいなことをやって、そこにPTAの人や生徒のだれかれが出てきて、みんなの前でワーッとやる。日本の教育がずうっとやってきた上意下達方式をどんどん破っていったらいい。

校長先生方の間にそういう変化が出てくるというのは、みんなが危機感を持つようになってきたからでしょう。いいことだと思うんですけどね。

赤坂　ぼくは体験的に考えてみても、学校や教育といったものにあまりに過剰な期待を寄せすぎたことが、問題を窮屈にしてきた一因だと思っています。現実的にも、すでに親や子どもも過剰な期待を持ち合わせていません。何らかの理想を掲げて学校という制度の強化・再編に取り組むよりも、学校をさらに小さくしてゆく、学校などたんなる通過点にすぎないという意識を公にも認めてゆく、そんな方向にこそ、逆説的かもしれませんが、いまのいじめ問題をほどいてゆく鍵があるような気がしています。

河合　いじめの問題は非常に奥の深いことなので、掘り下げて考える必要のあることと思っていました。今日は哲学者の赤坂先生に来ていただいたおかげで、大分つっこんだ話し合いができて喜んでいます。思いきった発言もしていますので、読者の方は言葉尻《じり》をつかまえるのではなく、いじめのことを人間存在全体にかかわることとして、これをヒントとして考えを深めてくださるとありがたいと思います。

（「こころの科学」一九九六年十一月号）

＊あかさか・のりお　一九五三年東京生まれ。東京大学文学部卒。東北芸術工科大学東北文化研究センター所長。著書に『異人論序説』『排除の現象学』『東北学へ』など。

よろいを脱ごうよ　vs.　如月小春

不安があおる〝お受験熱〟

如月　うちの娘は四歳でまだ保育園ですが、周りは〝お受験〟の話題で持ち切りです。

河合　本当ですか？　〝お受験〟なんて冗談かと思ってた。早期教育をしても何の意味もありませんよ。音楽だけは例外ですけど。

如月　でも、みんな関心を持ってますよ。不安なんです。うわさとか、ちらしとか、電話とか、いろいろな情報があって、やらなければという心理状態に追い込まれていく。

河合　脅かすわけだから犯罪的やね。ほんまに腹立つな。子どもが気の毒や。日本人全体の意識改革をしないと、教育問題もどうにもならないとこがありましてね。

如月　日本人は与えられたものをきちんとこなした者を評価しますね。自分の中から出てきたものを表に出してもあまり評価されない。

河合　ランクを付けるのを喜ぶ。型にはまった考え方が好きなんです。現場の先生も「文部省に縛られて自由がない」なんて言ってるけど、実は上から何か言われないと安心できない。

如月　お母さん方の子育ても同じですね。「子どもにもっと話し掛けなさい」と言うと「どんな話題がいいですか」と聞いてくる。すべてに範例がないとできないみたい。

河合　何にでも正しい答えがあり、大先生が知っておられる。それを早く覚えた者が勝ちという教育をずっとやってきた。それが科学技術と結び付いて、マニュアル通りやれば何でもちゃんとできるとみなが思い込んでしまった。その考え方を変えないと、子どもがかわいそうですよ。

如月　子どもはだれでも自分で遊びを見つけて作り出す力を持ってる。だけど小学校の高学年くらいから、だんだん自由度が減って、与えられたものをこなすことに意識が向いてきます。

河合　自分が自由にするのではなく、言われる通りした方が得だと思い始める。かわいそうに、小さいときから、いかに型にはまるかを訓練される。特に男の子に、その傾向が強いですね。

如月　気になるのは、元気でわんぱくな子がいいという幻想があることですね。静かに深くものを考える子よりも、元気に外に飛び出していく子ども像が求められる。

河合　僕は生き生きしてない方の子やったからほんまに苦労しました。

如月　私も演劇をするようになるまではネクラでした。とんがって扱いにくい子だったと思います。

河合　人生、暗いことといっぱいあんのに、毎日明るくしてたらたまったもんじゃないですよ。

如月　人間はみな暗い部分や、やみの部分を抱えている。性的衝動も含めて自分でコントロールできないものをいっぱい抱え込んでいる思春期の子どもたちを、今の親とか学校が受け止め切れなくなっている。中学の先生が生徒に注意してナイフで刺し殺される事件※もありましたし。

河合　昔から思春期は、キレたらめちゃくちゃするという変てこな時代なんです。それをキレないように親とか地域全体で守って、ある程度のむちゃを許容しながら乗り越えるというシステムがあった。それが今は崩れてるから、どこでキレるか分からない。刺された先生は災難としか言いようがないですね。

如月　先生が自分の身を守る方法はないんでしょうか。

河合　動物的勘で危険を察知することかな。でも今は、勘を養う機会もないしね。

※編集部注　一九九八年一月二十八日、栃木県黒磯市で起きた刺殺事件。

突出を嫌う日本の悪平等

如月　兵庫県の中学生たちと夏休みに演劇のワークショップを始めて九年になるんです。三年目ごろから先生も入ってこられた。子どもが演劇でこんなに変わるなら、自分たちもやりたいって。

河合　そんな経験すれば、先生は自分も楽になるし子どもにも尊敬されますよ。

如月　けれど、先生たち、もがき苦しまれるんです。「どうも教師の仮面が取れんわ」と。普段、点をつけたり注意してる子どもたちの前で、せりふを言ったり、感情をバーッと出すことができない。

河合　そうやろね。

如月　でも、あるきっかけから、先生と生徒の壁がパーッと溶けた。お互い、大人ってすごい、子どもってすごいと、学び合う関係になって一緒に作ることがすごく面白くなったんですね。学校を引きずることがなくなって先生も生徒も自由になった。

河合　僕も入れてほしいな。

如月　どうぞどうぞ。エンマ大王の役なんかどうですか。

河合　僕がやると、何でも「かまへん、かまへん」て許してしまうから、カマヘン大王や（笑）。

如月　どうして先生方は、学校の外へ出ての活動が、しにくいんでしょうか。

河合　学校によっては、同僚の先生に文句を言われるんです。例えば五時に帰っていないのに、それ以上やってると非難される。日本の悪平等の最たるものだけど、だれかが人気が出ると足を引っ張る。変わったことをすることに対して、ものすごくみな神経とがらしてる。みんなで面白くないように面白くないようにしていくんです。

如月　悲しいですね。

河合　校長先生が後ろ盾になって、先生が面白いことをするのを守っている場合もありますが。

如月　逆に校長先生が抑え込んでいくような学校だと、何もできないでしょうね。

河合　とにかく問題がない方が大好きというのは、よくいるタイプですからね。

如月　息苦しいですね。

河合　そこを跳び越えて面白いことやってる先生もたくさんいますよ。だけど、そういう先生は親には評判が悪いことがある。受験に役立たないとか、甘やかすとか。

如月　それにしても、先生って、ほんとに大変でお気の毒になります。やらなくちゃいけないことが、あまりに多い。なのに、できないとは言えないんです、先生だから。いろんなもの全部背負って、多様な問題を抱えてる子どもたちを、たった一人で受け止めなきゃいけない。

河合　ものすごくきついですよ。昔は子どもがみんな先生の言う通りにやったからできたんですよ。でも今のように、一人ひとりの個性をみようということになったら、最高二十人でしょうね。

如月　先生が一人で全部抱え込まなきゃいけないんでしょうか。親も地域もメディアも、いろんなものが子どもの教育にかかわってるはずなのに、彼等にその意識が薄いから先生方は孤独なんですね。

河合　親がサボっている部分を、学校に期待し過ぎるところもあります。いろいろ言われるから、先生も固くならざるを得ないんですよ、肩に力が入っちゃって。

如月　親の危機感が強まり、学校現場に対する信頼が薄れていますね。学校はひどい所で自分の子は認めてもらえないとか、ひょっとしたらいじめられるかもしれないとか、マイナス面ばかりから見ている。だから、根拠のない不安にかられて、塾に行かなくては、できれば中高一貫の私立へもと、追い立てられるような気持ちになるんです。

河合　それが悪循環になって、教師の側は守ることばかり考え、どんどん縮こまる。そんな先生に教えられたら、子どもが縮こまるのは当たり前ですよ。

如月　守るって、何を守るんでしょうね。守るべき何があるんでしょうか。

自己肯定感取り戻そう

如月　学校では、先生が仮面が外せないだけでなく、生徒も仮面を着けてますね。

河合　早いこと仮面着けるのを覚えた子が勝ちみたいなとこあるでしょ。

如月　学校が劇場ですね。

河合　悪い方のね。

如月　キレないと本音が出せませんものね。

河合　でもね、ずーっとためててキレて出したものは本音じゃないんです。怒りを表現してるのではなくて、怒りにやられてるわけだから。子どもは犠牲者になってる。

如月　家庭でも、子どもは子どもを演じさせられるし、親も親を演じる。みんな疲れて、それがたまって、より弱い部分にしわ寄せされ、弱い子がキレることになるんじゃないでしょうか。

河合　そうですね。

如月　ストレスをためない環境をつくるのか、子どもにキレないような耐性をつけるのかで方向性が違うと思うけれど、今は後者の方に行ってるみたいで、それはどうも……。

河合　耐性をつけるのは、ほんとに難しいです。

如月　先生の方がキレてしまうこともありますね。特に若い先生の場合なんか。

河合　大学出てすぐ先生になって、後ろ盾なしでやるってのは、ほんとはむちゃくちゃなんですよ。よほど器量のある人じゃないとできない。

如月　先生は、どうしてお互い「先生」と呼び合うのでしょう。名前ではなく。

河合　人間としては付き合わないようにしようということでしょう。先生というよろいを着ているのに、急に名前を呼ばれたら、一個の人間になってしまう。

如月　なるほど、よろいなんですね。

河合　社会人はみなよろいを着ているけど、先生のよろいは特に硬い。だけど先生は一番、人間を出しやすい仕事でもあるんです。子どもの前でよろいを脱いだら、すごく面白い先生になれますよ。

如月 子どもはほんとに敏感にこたえてくれますね。
先生が子どもに対し命令口調になるのも気になりますが。

河合 やはり上から下にものを言うパターンを守ってないと危ないんですよ。自分が偉いと思ってないと、生きとられないのかもしれませんね。あんまり面白ないことばかりやってるから（笑）。

如月 神戸の事件やナイフ事件で、中学生がとてつもなくすさんでるような報道が続きましたが、非常に安定した関係を持ってる先生と子どももたくさんいる。あまり報道がセンセーショナルになるのも困りますね。

河合 それで大人がビクビクするでしょう。そうすると子どももビクビクする。悪循環や。学級崩壊なんて言葉もあんまりはやらさんといてほしい。そうするとみんながやるんです、面白そうやと。

如月 でも四歳にして既にすさんでいる子もいますね。きつい目をして神経質な行動を取る。別に問題を抱えている家庭の子というわけではないのに。

河合 関係が切れ過ぎているんです。日本的人間関係は、言葉で言わなくても一緒にいたらつながっていくものだった。子どもは家族や地域がみんなで育てた。それを全部断ち切ってしまったから。

如月　子育てのことで親を責めてもしようがないですね。

河合　そう、日本文化が大変なとこへ来てるわけですからね。今は大きな変わり時だと思いますよ。こんな変わり時はしばらくなかった。

如月　銀行も政治家も何も信用できない時代ですね。けれど、みんな何を一番信用していないかと言うと、自分なんです。自分に自信がないから、他人もみな演じてるだけなんだと不信感が募る。

河合　親に自己肯定感がないから、子どもも自己肯定感を持てないですね。

如月　みんながみんな立派な人間になれるわけじゃない。今の自分を肯定的にとらえ直すことで発想を転換していけたら、いろいろ変わるんじゃないでしょうか。

（「京都新聞」一九九九年一月八、九、十日・共同通信配信）

＊きさらぎ・こはる　一九五六年東京生まれ。東京女子大卒。劇団「ＮＯＩＳＥ」代表。演劇の作・演出を手掛ける。著書に『如月小春戯曲集』『都市民族の芝居小屋』『八月のこどもたち』など。二〇〇〇年十二月十九日死去。

Ⅲ　「河合隼雄」に聞く

子どもの成長に「悪」は必要だ

聞き手　ＡＥＲＡ編集部　蝶名林薫

蝶名林　最近、『子どもと悪』を出され、子どもの「悪」が、個性の発展や自立に深くかかわっている、と論じられていますが、どのように必要なのでしょうか。

河合　いじめを見ているとよく分かるが、昔、僕らの頃は、小さい時から兄弟の間でやっていて、だんだん上手になっていくんです。「どのへんまでやってもいい」という感覚ができてくる。思春期という大変な時期が来た時に、みんないじめなどをやり出すが、それまでの蓄積があるから、今のように「命にかかわる」ということは出てこないんですね。いじめは絶対に良くないことだけど、良くないことをやりながら育つというところに人間の難しさがあります。

だからと言って、「いじめは構わない」とか「いじめは良いことだ」というのは大間違いで、「いじめはいけない」と言わなければいけない。ところが、今は「いけない」というのは、ほんとにそのままの意味になってしまっているんです。しかも、「勉強せよ」ということがものすごく大事になり、親に勉強させるだけの金もある。僕は昔の親が偉かったとは思わないが、昔の親は幸いにも金がなかったから何もできないし、忙しいし、子どもも多いし、ちょうどバランスがよかったんですね。

そのバランスがいま急激に崩れた。日本は金持ちになって、家族で外国旅行とか、楽しいことが増えてきたが、マイナス面を見ていない。その一つが、親がわりあい単純に、いわゆる「よい子」をつくりやすいことなんです。それが非常に大きな問題だと思っています。

蝶名林　勉強のできる、成績のよい子。

河合　そう。非常に単純すぎるんです、よい子のイメージが。

蝶名林　「悪」はエネルギーや創造性にもつながってくるのですか。

河合　そう思いますね。クリエイティブなものというのは、なかなか初めからきれいにすっとは行かない。ちょっと悪い回路を通ってというか、頭を打ったりしながら、自分の回路を見つけていくわけでしょう。良いことはだいたい初めは悪い形で出てくる。それを「悪い」とつぶしたら、良いこともつぶれてしまう。

例えば、学校に行かないというのは悪いことだし、盗みも嘘《うそ》も悪いことだけど、それはみんなあとで、いい方にだんだん変化してくるでしょう。だから、学校の先生はすごく難しいんです。悪いのを「良い」と言ってたらいけないし、やっぱりぱーんと怒った方がいい時だってあるし、一つ一つ違うんですから。そんなマニュアル通りにいかないですからね。

蝶名林　子どもたちの「悪」、たとえば、いじめ、嘘、盗みとかいうものを、今の子はしにくい、というか、抑えられているわけですね。

河合　ものすごく抑えられています。しかし、思春期になったらどうしてもやらざるを得ない。その時は、子どもが強くなっている分、親の方は弱くなってきているわけです。しかも、やったとしたら、それまでの練習がないから、極端に急にむちゃなことをしてしまう。

だから、それまでに、悪いと知りつつ「悪」をやって、悪いからどうしようと子どもなりに悩むことによって鍛えられていくのです。

子どもは自責の念を持ったり、考えたり、反省したりしています。兄弟なら、兄貴は弟をやっつけてしまって可哀想《かわいそう》になり、「もういじめは絶対にしない」と思うのに、またやってしまう。弟の方は「こんな兄貴とはもう、もの言わへん」と思っているんだけど、しばらくしたら仲良くなる。そのようにして子どもなりに「人生とはこういうものだ」という体験をするんです。

ところが、今の親は子どもの悩みをうんと少なくして、その分だけ勉強させようと思っている。いわば「人生勉強」をものすごく減らしてしまっているんですね。

蝶名林　どうしてでしょうか。

河合　一つには、日本の親が子どもの幸福を単純に考えすぎているからです。悩みがないとか、よく勉強できるということが良いと思いすぎている。米国の金持ちの子どもを見たら分かりますけど、大学に行って親に自動車を買ってもらうなんてことはほとんどないです。日本は平気で買ったりするでしょう。

昔は貧しかったから、今の子どもにはいい思いをさせたいのでしょうが、本当はそれは、親が喜んでいるだけなんですね。親の満足感を、勘違いして、子どものためにやっていると思っている。子どものためを思うなら、「自動車買って」と子どもが言う時に、「ああそうか、ほなアルバイトせい」と言ってやることです。

蝶名林　親たちの考える「いい子」の概念が単純になったというか、いい子を求めるようになったのは、いつ頃からでしょうか。

河合　昔からそうだったかもしれません。でも今、日本は急に金持ちになったから、要するに下手な成り金になった。そう考えたらすごく分かりやすいと思います。

親は「平和なのはいいことだ」と思いすぎています。金があると、揉《も》め事を回避できるんです。子どもが、「お父さん、あれ買ってよ」と無理を言っても、金があったら買ってしまう。そのときに大切な父と息子のぶつかりの機会を失ってしまう。昔は、子どもが買ってと言った時に、「ばかやろー、そんな金あるか」と怒鳴っている。子どもも「こんな親と口をきくか」といって二日間黙ったりとかしているわけですよ。そういうのが上手にできたんですね。

金があって物がある時に親は何をしたらいいか。物が豊かになることは、親にとって育児がすごく難しくなることなんですよ。

蝶名林　教育現場では子どもの「悪」にうまく対処できているのでしょうか。

河合　先生が勉強のことを言いすぎだと思います。欧米では、個性という考え方がはっきりしているから、勉強ができなくても、みんな一人前の顔をしている。今は勉強ができないけど、「将来はどんなおもしろいことをやるか分からない」と先生も思っているから、あまり妙な価値判断はしない。日本は、すごく厳しい価値判断が伴います。しかも怖いことには、勉強のできない子を、「怠けている」とか「人間がだめ」とか、人間評価のようなことを言い出すんです。これがものすごく大きいですね。

最近聞いて感心した話で、京都のある中学で、一学年三十人のところ、思い切って十人のクラスをつくった。三十人でやっている時もあるけど、クラスを十人ずつにして、先生一人が十人をみる。そうして、先生と子どもの関係が親しくなってきたら、勉強であろうとスポーツであろうと、できない子に「できない」と平気で言えるというのです。そう言っても、先生が「だからお前はだめだ」とは思っていないということが、子どもにも分かるわけです。そして、できる子が「教えてあげよう」と助ける。できるから威張っているとか、できないからだめだとかいうことなく、平気で言えるようになる。ものすごく難しい不登校の子でも、結局、先生との関係があるから、学校へ行くというんですよ。

蝶名林　個性を伸ばそうと頭で分かってはいても、実際にやろうと思うと難しいのでは。

河合　個性を大切にすることが難しいのは、教えられないからなんです。教えたら、もう個性じゃなくなるわけだから。だから、個性を大事にしようと思ったら、ちょっと教えるのをやめて、待っていなければならない。そして、子どもから出てきたものを援助するわけです。でも実際は、僕ら教師の経験があるから分かりますけど、みんなに好きなことをさせて見ている方が、ずっとエネルギーがいるんです。

蝶名林　教えこむのではなく、育てる。

河合　そう。僕はよく言うんです。日本は「教師」が多すぎる、「育師」も必要なのに、と。「育師」の根本は何もしないことです。

幼稚園でちょっと喧嘩《けんか》が始まるでしょ。ぱっと飛んでいって「何をしてますか。仲良くしなさい」と言ったら、先生らしいですよね。でも、本当の先生は、「やっとんな」と喧嘩を見ているんです。喧嘩が収まらなかったら行くけれども、ちょっとくらい泣いても、収まる限りの間は、見ていて、何もしないわけですよ。

下手な先生ほど、あれこれとするんです。せっかく、子どもが喧嘩の仕方とか、仲直りの仕方を学んでいるのに、その機会を先生が奪ってしまっている。そういうことが、先生も親も、多すぎるんです。見守るというのは本当は、ものすごく難しいことなんですよ。

蝶名林　早期教育がますます盛んですね。

河合　親が本当に子どもを見ていないからです。「うちの子、おもろいことやってるわ」という自分なりの見方をするのでなく、成績は何番、という一般的な見方だけを考えています。それには早くから勉強したらある程度良い点を取るのは当たり前ですよね。しかし、それがその子の人生にとって、結果的にはけっしてプラスにはなっていない。僕らはそういうのをたくさん知っています。むしろ、自分で考えて物事ができて、それに責任をとれるような子どもに早くすべきでしょう。

蝶名林　子どもが自立できるようになる過程で、親はどんな手助けをしたらいいのですか。

河合　もちろん、思春期は特別だけど、それまで何度も練習の期間があるわけです。その子なりに練習しようとするのを、親がある程度見守ってやることが大事です。子どもが自分の好きなことをやるのをできる限り援助してやることがものすごく大きいと思います。

ところが、子どもは時々むちゃな事を言いますよね。例えば釣りが好きになったら、一人で怖い所に行く、とか。そういう時放っておくのではなく、「どんな怖い所があるか」「お父さん付いて行ってもいいか」など、いろんなことを話し合う。すると真剣な話になるでしょう。

その時に、先回りしてやってしまうのでなくて、できるだけ子どもの力を信頼する方に賭《か》けるわけです。だから、しんどいんですよ、親にしたら。親が何もかもする方が楽なんです。

物が豊かになると、それと同じくらい、心を使わなければいけないんですよ。だけど今は逆で、物と金が豊かになったから、心の方はさぼったろ、と思っているわけですね。

蝶名林　金じゃなくて心を使う教育ですか。

河合　みんなが勘違いしているけど、教育熱心という親には、自分はさぼっている人が多いですよ。どんな教材を買うか、どんな家庭教師をつけるか、と、本質的にひとにやらせているんです。

子どもはそれを敏感に感じとっています。子どもは「お父さん、お母さん、何もしてくれへんやないか」と言い、親の方は「いっぱいしてやったやないか」と言うんです。これは、僕らが会う親子の喧嘩で何度聞かされたか分かりません。お金はいっぱい使っているのですが、子どもは心の方を言っているわけです。

蝶名林　悪さとは違うかもしれないですが、心の闇《やみ》は子どもにとってどうなのでしょう。

河合　心の闇は人間誰でも持っています。「怖い」とか「恐ろしい」という世界に、「どうして近づくか」とか「どう考えるか」と子どもなりに苦労しているわけです。

死ぬことを考えている子どもがたくさんいるんです。ある程度考える時期があり、六歳頃、十歳頃に、思春期はもちろんです。自分はこの世に一人生まれてきて、誰とも違って一人なんだ、という認識ができてくるのが十歳頃ですね。子どもなりに考えていても、ほとんど言葉では言えません。言っても、大人が相手にしてくれないから、言わないんです。でも、そういうことを考えたり、感じたり、表現したりするのも、成長につながるんです。

ところが、「あの子、嫌いや」とか「腹たつ」というのを、「そんな、悪いこと言っちゃいけません」と小さい時から妙にコントロールしすぎています。それが、思春期になって親のコントロールをはずれたとたんに、なんでも「むかつく」と言い出すわけです。

小さい時からもむかつく練習をしてない。しかも、子どもが「むかつく」と言っても、お父さんが「やかましい」と怒るようなこともないから、「親父《おやじ》が本気で怒ったらたまらんわ」という経験もしてない。親は「そんなふうに怒ったら、心に傷をつける」と無用な遠慮をする。「心に傷をつけんと、誰が成長するか」と僕は言いたいんですけど。

蝶名林　神戸の事件を契機に、学校、教育の在り方について盛んに議論がされています。

河合　たまたま今回は雷が神戸に落ちたけれども、いつまたどこに落ちてもいいくらいに帯電しているのが今の状況です。落ちたケースについてあれこれ言ってもしょうがないけど、その怖さはみんな注意しなければいけないですよね。

時代の変わり目で、短期間に経済的に大成功したから、そのツケが来ていると思ったらいいんじゃないですか。受験戦争だって、みんなが大学に行けるようにならなかったら、起こらない。みんなが大学へ行けるような社会をつくったんだから、やはり大したもんですよ。

僕は、日本の教育が間違ったとは言ってないんですよ。日本は成功したわけですから、その点ではすごく評価されている。しかし、このままでは絶対にだめだ、と考えています。


（「ＡＥＲＡ」一九九七年十一月一日号）

母性社会の変容と現代人の生きる道

聞き手　読売新聞文化部　小林敬和

小林　神戸の小学生殺害事件で、容疑者として中学三年の少年が逮捕されたことには、日本中が大きなショックを受けました。改めて、人間の心にひそむ闇に驚かされた格好です。

河合　だれであれ、心の奥底にはすごい悪とか残酷さといったものがあるんですよ。と同時に、善だってある。ただし、これが悪で、これが善といった形で分かれているのではない。すべてが混沌《こんとん》としたエネルギーみたいな感じでしょうね。ふだんは表面化しなくても、時と場合によって、その中からナマの攻撃性がボカーンと噴出することもあるわけです。

小林　容疑者の中学生についても、そういえるのでしょうか。

河合　そうだとは思いますけど、まだ動機などもはっきりしてないし、何ともいえません。しかし、一般論としていえば、とにかく思春期というのは大変に難しい時期なんですわ。攻撃性というかエネルギーが爆発しやすくなる。かつては『若衆宿』

のような形で、暴発を防ぐための社会的な仕掛けがあったんですがね。
　そこでは、適当ないじめもあれば、集団でちょっとした盗みなんかもやっておった。けれど、あくまで社会の許容範囲内であり、それによって少しずつエネルギーを発散させたわけです。そういった仕掛けが、地域とか共同体の崩壊によって、だんだんなくなってきている。見方を変えれば、青少年に対する社会なり、集団なりの〝守り〟が弱くなったともいえます。

小林　河合さんは以前から、日本は「母性社会」である、と分析していますね。とすると、社会や集団の守りが弱くなったという指摘は、従来の母性社会が揺らいできたことを意味するのですか。

河合　母性原理とは包み込んでしまう働きです。日本はこの原理が優勢な国で、集団内では争いが少なく、比較的平等なんですね。もちろん、異分子を排除し個性をつぶす傾向が強いといったマイナス面もありますが、これまでは母性原理でかなりうまくやってきたと思いますよ。
　ところが、現実問題として様々な場で〝守り〟が弱くなってきている。青少年だけでなく、中高年にとってみれば、リストラとかで会社の〝守り〟も弱くなりつつある。母性原理がなくなったわけではないけれど、少なくとも「日本は母性社会だ」といって、安穏としていられない時代になったことは確かでしょう。

小林　地域や共同体、家族の揺らぎが指摘されて、久しいですね。しかし、これらの揺らぎには、母性的しがらみから自由になりたいと、私たち自身が望んだ側面もあるような気がするのですが。

河合　いろいろな社会的事情があったにせよ、核家族化の背景には、母性的な地域共同体から飛び出して、自分は好きなことをやるんだという意識の変化があったと思います。その結果、今では相当な自由を獲得した反面、欲望の抑制をはじめ、一人ひとりの責任がすっごく重くなっている。アイデンティティーにしても、自分で努力して見つけなければいかんわけです。

小林　具体的に、どのような心構えをもったらいいものか。難しいですね。

河合　大変な分、昔よりよっぽど面白い時代になったことは事実でしょう。ここで大事なのは、面白さと苦労はセットになっていることを自覚し、嫌なことやつらいことに対して、ほんのちょっと余裕をもって取り組んでみることですな。

それに忘れてならないのは、だれにでも通用する、お決まりの解決の方法はないということです。どうも現代人はマニュアル思考に取りつかれている。人間はみんな違っているのに、自分の生き方とか子育てでさえ、うまい方法はないものかと考えてしまう。人間を機械と間違っとるんやないかと思うほどですよ。

小林 ご自身の体験としては。

河合 ぼくの話でいうと、カウンセリングにマニュアル思考は通じません。患者さんが突然「死にたい」とか言い出した時、「やめとけ」と答えれば済むものでもない。「どうぞ」と応じた方がいいケースだってある。つまり、対応の仕方は個別的でしかありえないんです。瞬間的な決断が要求されるだけに、とてもしんどいことですが、そうした修羅場の経験によって、相当に鍛えられましたね。

小林 河合さんは以前から、人間関係の重要性を強調していますが、社会的な守りが希薄になった時代、そのたて直しには何が必要なんでしょう。

河合 ゆったり構えて、相手の話を聞くことから始めてみてはどうですか。とくに親と子、教師と生徒の間だと、大人はつい説教調になりがち。できるだけ〝水平〟の関係でものを言う訓練が大事だと思います。これは、ぼくらがふだん、カウンセリングで心がけていることなんですよ。

小林 個々人の課題はわかりました。では、社会の側、言葉を変えれば行政がすべきことはありますか。

河合 基本的に、社会や行政に何かやってもらおうという姿勢はおかしいですね。行政には必要以上に頼るのなら、母性的な集団にとどまっているのと同じことで、好きなことなんかせずに、じっと辛抱しておればいいわけです。

ただ、その前提を踏まえたうえで、社会なり、行政なりがすべきことは、いろいろな可能性を用意し、多様な生き方を肯定することですね。教育でいえば、高校を出て、しばらく遊んでから、もういっぺん大学を目指すやつがおってもいいし、高校から一年早く大学に進むやつがいてもいい。このように様々な場面で、多様な受け皿を準備することは大切でしょう。

小林　最後に、困難な時代を生き抜く、河合さん自身の秘訣《ひけつ》は。

河合　「こわい、こわい」とオロオロするんじゃなく、こんなオモロイ時代はないと受け止める。しかも複眼思考を忘れずに。これがまあ、ぼく流ですわ。

（「読売新聞」一九九七年七月二十五日）

ナイフ事件でわかった'98日本

聞き手　毎日新聞夕刊編集部　鈴木琢磨

鈴木　この一年の事件を振り返ったとき、やはり少年とナイフには驚かされました。いきなり教師をナイフで刺して死なすという行為は、かつて考えられませんでした。少年が「キレた」のはなぜでしょう。

河合　思春期が荒れるのは、今も昔も変わりません。あの「ロミオとジュリエット」のジュリエットは十四歳でした。僕は、十四歳が怖いのは昔からやで、とよく言うんです。

思春期というのは、人生のなかで一番心が荒れる。そのすさまじい荒れを外に出さずに、自分がぐっと請け負って、人間は鍛えられていくわけです。ナイフ事件は、当の本人にしても何をやってるかわからなかったはずです。暴力のほうが少年をつき動かしたのです。バンと跳ね返さないといけない。それが、ちょっとでも弱かったら、逆にやられてしまう。

なにより「キレる」という言葉がはやったのは困りました。ああ、こらええ、やったれ、というので触発される。似たような事件の連鎖があったのは、そういうことでしょう。

鈴木　少年の成長プロセスのどこに異変が生じ、おかしくなったのでしょうか。

河合　大人になるには支えが必要です。それは家族であり、地域であり、学校です。そういうつながりが急激に弱くなった。今は大人も含め日本中がキレている。みんな、つながり方がわからない。日本人は一緒に飯を食うとか、飲むとか、言わず語らずのつながりがあった。

もちろん家庭でもそうでした。なのに、いつの間にか個人が好きなことをするのはいいことだと思いはじめて、家族間のつながりを忘れてしまった。だいたいテレビが家に五台もあって心がつながりますか？

みんな、テレビとつながっているだけでしょ。

西欧は確立した個人と個人が、言葉によってはっきりつながる契約社会です。あるいは個人が神によってつながっている。キリスト教文化圏では、そのことがすごく大事で、彼らの個人主義の背後には必ず神の存在がある。だからうそは罪悪です。クリントンさんもうそが悪いとされました。そういうカルチャーなんです。

ところが今の日本は、血縁も「イエ」も個人の支えとはならず、むしろ家族の絆《きずな》を断ち切ってしまう現象が増えつつある。このことが問われなければいけないんです。

鈴木　やはり、豊かな時代、心の時代などという言葉も生まれましたが、それでも空虚で満たされない思いは続いています。

河合　もともと日本語は、モノのなかに心も含んでいる言葉でした。ものものしいとか、物語とか、モノと心が一体となった生活をしていた。物を贈るときはきれいに包んで心を表した。

　それが今の日本の親ときたら大学生の息子に自動車をポンと買い与える。アメリカではそんなことはしませんよ。子どもを悪くするだけですからね。どんな金持ちでも自分でアルバイトさせる。それが子どもの幸福だと知っている。

　スイスに行ってびっくりしたことがありました。庭に桃の花が咲いてきれいだったら、さりげなく贈る。お母さんとかにね。娘から桃の花の枝が贈られてくると、果物を贈り返したりね。心がこもってる。そういうことをやらないと人間はキレるということを彼らはよく知っている。欧米人は家族や親子の間の電話とか手紙が日本人よりよっぽど多いんです。

　子どもを育てるというのは親が心をつかわないとあかんのです。遊びに行くにしても親子で山に登るほうがずっといい。飛行機でハワイに行ったりというのは成り金です。カネとモノがあるけど、幸福の研究が足らなすぎるんです。

鈴木　『子どもと悪』という著書のなかで、子どもの個性を伸ばし、育てるための「悪」を論じておられる。少年犯罪の増加とは裏腹に子供たちは「悪」から遠ざかっているのでしょうか？

河合　小さいころから上手に悪いことをさせないとだめです。むちゃくちゃしとったのが大人になったらちゃんとやっとるのいっぱいおるでしょ。少年時代の「悪」を社会で生かしていく。創造的な人間になります。

初めから生かすことは無理でも、それは悪い、やめてしまえではなく、やりよる、やりよると見ているんです。だんだん、おもろいやつになってきます。

僕は腕力がなかったから口のほうの悪でした。先生を冷やかすとか、やりこめるとか。なんべん怒られたかわかりませんな。このごろ、それが商売で生きてます。話芸がね（笑）。ただ、困るのは「悪」もいいんだというと、こんどは何にも抑えなくなる人がいる。おまえらの気持ちようわかるなんて言うたらあかん。抑えるときは抑えないとね。

鈴木　少年問題にマスコミは敏感すぎるかもしれません。ゆったり構えて見ていないところがある。どうご覧になっていますか。

河合　論じるのに風俗現象的に言いすぎた。残念でしたね。今はこんな風俗やと喜んだって何の役にも立たない。思春期の問題というのは、ジュリエット以来変わってないんです、本質は。援助交際もあれだけはやったせいで、今、やめさせるのものすごく簡単ですよ。おまえら、そんな古いことまだやっとるんかで、やめますよ。善しあしやないんですわ。

最近は「学級崩壊」。僕は、また、はやらされるなと心配してるんです。新聞が書いたらはやるんです。ナイフもそうでした。子どもは出よう出ようとする。やらないと時代遅れになる。学生紛争のとき、教授会で言うたことがありました。先生、一生懸命考えんときなさい。五年たったら全部なくなっている。五年後を考えてボチボチやりましょ。カンカンになったりすれば、火に油。「学級崩壊」という言葉があるそうだけど、うちのクラスは絶対崩壊しない！　と先生がきちんと言えばいい。

鈴木　それにしてもいまどきの子どものわがまま放題にはあきれます。しつけがなってません。

河合　われわれが貧しかったころは、子育ても死ぬ思いでした。そこには教育も宗教も全部はいっていたんです。もったいない、それも宗教教育だったんです。ところが今は、基本的な生活のマナーが全然できていません。これこそ大問題です。すべての問題の底辺ですよ。それをほんとうに言わんといかんのです。

そうそう、最近、うちの兄貴（兵庫県立「人と自然の博物館」館長でサル学の権威である河合雅雄氏）の話を聞いて感激したことがある。

夏休み、子どもたちを募ってボルネオの原生林に連れて行ったらしい。夜、森のなかを進んで、みんなで一斉に懐中電灯を消す。真っ暗。漆黒《しっこく》の闇《やみ》になる。でも、ほっておくんです。小さい子は怖がりますが、大きい子が自然と面倒をみる。そして、しばらく行くと満天に星空がぱあっと広がる。そんな星、見たことないから、そらもう感動するんですわ。

なにもボルネオまで行かなくても北海道でも、近所でもうまく演出したらできますよ。

とにかく、今は、ものすごくおもろい時代なんですよ。個人の自由度は高まっていますし、やる気になったら、たいがいのことは何でもできる。みんな本当の豊かさを経験してないから、ふらふらになってるだけなんです。おもろない、おもろない、ばっかり言うな。もっと、おもろいと思え。僕はそう言い続けてるんです。

神戸の事件のとき、地域の人たちが危険な茂みをなくそうと木を切ってしまった。闇をなくそうとしたんですが、あんな腹の立つことはなかった。よみがえるという言葉がありますが、適当な闇の体験がいるんです。それをすべてなくすのは大間違いですよ。

日本人が心のことに関心をもちだしたのは悪いことではないですね。でも、心の教育といって、すぐ教えることを考えないでほしいんです。中教審でも僕は一番初めに言ったんですけど、とりわけ心の教育というのは、育てるとか育つとかの「育」のほうが大事なんで、「教」は関係ないんです。教えることは心つぶしになってしまうんです。

今の学校の先生は教えるのが好きすぎます。親もそうです。日本が後進国だったから、どうしても追いつけ追い越せ、早く知識をもったものが勝ちという思考パターンからいまだに抜けない。心はじっくり、じっくり、ですよ。

（「毎日新聞」一九九八年十二月十六日）

語る　河合隼雄の世界

インタビュー・構成　朝日新聞編集委員　佐田智子

佐田　共著『村上春樹、河合隼雄に会いにいく』（新潮文庫）は大変面白かった。あれは高度なお二人のカウンセリングじゃないんですか。

河合　いやあ、そんな……。僕自身の気持ちとしては、カウンセリングというような気は全然なかったですね。

大体僕はあんまり小説は読まないんですけど、相談に来られるクライアントの人が村上さんの小説をよく話題にする。で、『羊をめぐる冒険』（講談社文庫）を読んで感激して。

今の若い人たちというのは昔の青年の悩みとは全然レベルが違うというか、次元の違う、深い世界に落ち込んでしまって、困っている。それをとてもうまく書いている。

面白い人やなと思っていたら、三年前プリンストン大におった時に、来られてしゃべった。『ねじまき鳥クロニクル』（新潮文庫）の三巻目を書いておられる途中で、会った感じも何とも言えんかったですよ。自分の世界に入っておられるからね。うっかりものを言ってはいけないというか。すごいそこは、感じながらお会いしてたんですけど、その時に向こうは面白いと思われたんでしょうね。

三巻書き終えて、自分の持ってるものをぶつけたいと思われる。僕も『ねじまき鳥』は今までの作品をもう一つ超えていて、現代の夫婦の問題を的確に書いていると。で、会いに来たいと言われるので、パッと会ったら、もううわーっと話が出て、お互いしゃべりまくった、というのが僕の印象ですね。

佐田　ちょっと驚くほど自分をさらけだし、告白し、尋ねている。ご自身も珍しく自分のことを。

河合　そうそう。普通は僕、自分のことしゃべりませんからね。僕は大体癖で、聞き役に回るんです。テレビなんかでも、「先生、聞くばかりせんと、自分の意見言って下さい」と言われるんですが、「はい、はい」「ほう」とかばかり言って怒られるんだけど、あの時は何かこっちもいつになくしゃべったんですよ。

佐田　どうしてですか。

河合　触発されたんでしょうね。村上さんの存在というか、問題意識が大変合っている。それと、幾らしゃべっても大丈夫という感じがある。

下手すると、相手を傷つけることも、誤解されることもあるでしょう。そういう点で村上さんは、少々のことで傷つくような人ではないというか。ものすごく強い人ですね。弱さを平気で、ちゃんと持っているんですね、強いから。

感受性は鋭敏でね。ただ、下手なところを触れば怖いという人もいますわね。だから、物書きの人に会う時は緊張します。やっぱりだれでもトラのしっぽみたいなところがあって、うっかり踏んだら、ボカーンと。あなたもそういう経験ありますか。

佐田　あります。

河合　遠藤周作さんと一番初めに会った時、遠藤さんはカウンセリングというのが嫌いだった。人間が人間を導けるはずがない、不遜《ふそん》やと。僕なんか絶対導かないんだけれども、誤解されてた。

で、切っ先がちらつくぐらいの感じで、切り込んでこられた。「人が相談に来て、あなたはどうして答えが言えるんですか」と。「僕は答えなんか全然言いません。クライアントの人が自分で考えて、自分で行動するんです」と。そうしたら、「わかりました、作中人物と一緒ですね」と言われた。面白いでしょう。それから仲良くなって、もう何回もお会いしましたけどね。

佐田　心理療法の来談者と作中人物は一緒だと。

河合　そう、一緒やと、遠藤周作さんが。創作する時というのは自分でもわけのわからんところがある。全部考えて、考えた通りに書いたのはやっぱり創作ではなくて、書いているうちに、勝手に、思わないことを主人公がやり出す。だから作中人物とのかっとうがすごい。それが大変似てる。

僕らだって、クライアントの人が来られたら、ある程度は、学校に行ってない子やったら、行った方がええやろぐらいは思ってますね。ところが、その人が考える、考えて行動するわけでしょう。

佐田　作中人物は、作者の深層心理の世界に潜り込んで動き出す?

河合　そうそう。それがうわーっと動いてくる。だから村上春樹さんが『ねじまき鳥クロニクル』書いておられた時は、ちょっと違う世界におられる感じがしましたね。

佐田　先生はそれが見える。

河合　もうわかります。ただ、ああいう方はそこから話がつくれる。しかも書ける。これはむちゃくちゃ難しい。僕なんかつくる才能はないですね。

佐田　何をなさるんです。

河合　僕は人のを鑑賞して喜んでるたぐいです。だけどクライアントにとっては、とても大事なんですね。見ててくれてる人が、いることが。

佐田　なぜですか。

河合　無意識の世界から出てくるものというのは、強い破壊性を持っていますからね。そのまま出てきたら、大変なことになる。実際そういう人が多いわけですけれども。例えばお父さんを乗り越えて成長すると言ったら、すごくいい言い方でしょ。ちょっと変えたら、父親を殺していることになるんやからね。

僕らがお会いしてる人は、言うたら、無意識の世界の非常に意味のあるやつが、ちょっとネガティブな方に振れてるわけです。で、殺人したとか、盗みをした、不倫したとかレッテルを張られて来る。僕らは、簡単にだめとか悪いとか言わず、その意味を考え直して、その人の生き方を一緒に考えていくわけですね。

佐田　無意識を意識化する、で、社会化する。それを介添え者として見る。

河合　それが大事。もっと言うとそれが出てきても大丈夫という場を提供することが大事です。その時にだれかいないと出来ないんですよ、怖くて。

一緒にいてると出来やすいわけです。例えば夜道を一人で歩いてたら、お化けがいっぱい見えますけど、非常に強い人が端におってくれたら、ススキはススキに見える。その人があれはススキですよ、お月さんですよ、と言わなくても、ちゃんと見えて来る。それと一緒で、わかっている者が端についていているというのは重要なことなんです。

佐田 村上さんが内面世界の深い「井戸掘り」の後、河合さんに会いに来た。それも似てますか？

河合 自分が創作したものを僕にぶつけて、もう一遍客観化して見て、次の世界に入っていく。その時に、さらに地下鉄サリン事件の被害者の人たちに実際に会いに行っている。あれはすごいですね。

佐田 あれも自分の深層を意識化し社会化する作業？

河合 もちろんそうです。それを色々な角度から見る、一回社会とつなげてみる。で、次の課題に進むわけでしょう。

佐田 『アンダーグラウンド』（講談社文庫）で、内面世界の「地下」から出て、現実社会にコミットしようとしているのではないんですね？

河合 だからそこが難しい。出て来てしまうんじゃなく、地下とつなぐ。地下と現実社会をつなぐことでまだもう一掘りしようというわけでしょう。

ただもう一掘りしようと思ったら、もっとつながらんとだめなんです。上とつながらんと掘ったら、死んでしまうでしょう、危ないですよね。

佐田　帰って来られない。

河合　だから、外界とつなぐ作業をがっちりやって、そして一息ついて、またもう一遍潜るんじゃないですかね。だから次の作品は大変やと、今度はすごいと思いますね。創造的な仕事をする人は、みんな命かけてやるんですわ。

佐田　それで、先生にまず会いに行って……。

河合　と思う。僕は常識人ですから、外界に住んでますのでつながって。新たに掘る足場を固めに来られた。

佐田　「村上春樹も会いにいく」ように、今の時代が「河合隼雄」を求めてる感じがある。なぜです。

河合　いろんな方が相談に来られても、僕ら臨床心理学のやり方やったら、その人と一緒に体験していくようなものでしょう。特に僕の場合は日本人ということが大きいから、現代を生きてる日本人の悩みを右代表で生きてて、それに対しどうしていくか考えてものを言ってるところがある。それでみんな関心を持たれる。

佐田　それも一九九〇年代に入って、急にですね。

河合　そうそう、急にね。経済成長がバブルでボカンとやられて、目が内に向き出した。日本人が豊かになって、幸福になったかといえば、案外そうでもないでしょう。

物がずうと入ってきた時に、心が押しつぶされていることが急にみんなわかってきた。

佐田 貧しい時代を長く生きてきた日本人が、急激に豊かな時代に入った。

河合 そう、このわずか十年か二十年ですよね。何も悪いことないし、非常に結構。ただ、物が豊かになった時の倫理、心の在り方なんて、今までだれも勉強してなかった。

僕らが教えてもらったのは節約はよろしいとか、もったいないとか。僕らのバックボーンというのは、物がないということを前提につくられたものなんです。それを必死になって子どもに教えるんだけど、子どもは「アホか」と思っとる。全然話が合わん。

物が豊かな時の生き方ということに対して、日本人はあまりに無防備です。

佐田 今の若者の悩みが深く昔と次元が違うというのは、それと関係ある?

河合 僕らの青年期の問題というのは結局職業、結婚、家庭なんですね。今の人はそんなのはストンと超えて、深いところへ落ちて問題が出てくる。

一番わかりやすいのは夏目漱石の『三四郎』。あれは青春小説の最たるものですが、三四郎にとって最後まで不可解なのは、美禰子《みねこ》という女性で、ストレイ・シープ、「迷羊」なんて名前で出てくる。

ところが、村上春樹の『羊をめぐる冒険』に出てくる羊は「羊男」なんです。だからもう羊か人間かわからん。全然わけのわからないやつが出てくる。主人公は女性との関係なんかいっぱいある。セックスなんて何でもない。が、女性のこともセックスのことも本当はわからない。で、もっとわからんやつ「羊男」が出てくる。次元が違う。どないしていいか皆目わからん。

今の人は異性なんて別に珍しくない。性的関係も早くからある。それで知ったと思ってる。フリーターしとったって食べていける。昔の人間やったら、職業にありついて食うことで死に物狂いやった。今はパッパ出来ているのにとんとわからんとなったら、もう普通のことでは言えない。

だから、僕らの会う無気力の方なんかは言葉がないんですよ。「どうですか」と言うても「いやあ、別に」とかね。「しんどいですか」「別にしんどくありません」「何してるんですか」「いや、別に何もしてません」

佐田　そうか。言葉がない。普通の論理的な言葉では説明できない深層世界に落ち込んでいる。

河合　そう。自分のつかまえているものが何かわからない。それをイメージで言ったら「羊男」になるわけです。だから僕らが会って長い間かかる。自分の問題を表現するのに五年ほどかかる人がいます。

佐田 現代の悩みは、現実に深くなっている？

河合 それは完全に。もう四十年そういう人たちと会ってますが、だんだん深まっていく。何でかと言ったら、表層の問題が解決したからです。

佐田 あ、それはそうですね。

河合 普通、僕らは表層の悩みによって、深い悩みを感じないようにして生きている。つまり税金を払わなきゃいかん、金がないとなったら、それで頭がいっぱいで、「羊男」みたいなのに会ってる暇がない。人間の悩みというのは、ある程度その人を守っているんですよ。何やら「忙しい、忙しい」と言ってる人は、忙しいによって守られてる。うっかり悩みがなくなると、ものすごくおかしくなる人がいます。だから僕らはすぐに悩みを取らないんです。

佐田 悩みを取らない。

河合 取ったら危ないんです。悩みによって守られているわけですから。日本も表層の悩みが取れて、深い層の問題が今むき出しになってるわけです。

佐田 問題の深層化と言えば、女子中高生の「援助交際」で、「あなたの魂に悪いことだから、やめなさい」と発言された。

河合　意識の表層で考えたら、何も悪いことないでしょ。お金になるし、相手も楽しんでるし、自分は別に平気だし。だけど、その存在全体から見ればやっぱり問題なのね。

その時は平気なんだけど、十年たった時にすごいノイローゼになるとか、急に悔恨や自責の念に襲われて死にたくなったりする。で、どんな言い方もできるけど、「魂が傷ついている」と言ったらわかりやすいでしょ。わかりやすいから言うてるんで、魂が実在してるというのではない。

論理的、合理的に考えても、残るものがあるでしょう。その残るものが魂だと、こういう風な言い方をしてる。

佐田　臨床心理家として、来談者と一緒に、そういう心の深層に降りていく。

河合　だから大変にエネルギーのいる仕事ですね。今も週に十二、三人お会いしますが、それが僕の仕事の中心です。

佐田　物語の再生、物語による癒《いや》しを、提唱されている。なぜです。

河合　人間の心というのは、層を成していると思うんです。層構造で、表面ほど言語的に明晰《めいせき》に言える。この表層の意識を非常に洗練していったのが、西洋の自然科学です。

ところが、だれかに対するうらみとかつらみとかとなると、言葉では言えなくて、身ぶりとかイメージで表す。もっと深くなると、表現はほとんど出来ないぐらいになる。

そういう深いものが、表層の意識とだんだんうまくつながって、心の中で全体とつながる。他人にもつながっていく。そういう形で出てくるとしたら、物語でしか言えない。

ある人が老人をだましてずるいことをしている。それがもっとひどくなると「ばあさんを食いものにしてる」とか、実際そういう表現を人間は持っている。もっと物語になれば、「ばあさんを汁にして食ってもうた」とかね。そういう心の深層の体験をみんなにつながるように述べてるのが、物語や昔話なんです。

そして人はそういう体験をいろいろ持っているわけだから、各人がうまく物語をつくり出してくることで、癒される。心がおさまるわけです。

佐田　心の深い体験は論理的言語では語りにくい。

河合　そう。そして昔話や物語に子どもが感動するのは、表層的なものがまだそんな出来てないから反応し易《やす》いわけね。

佐田　そうか、表層的なものは後天的につくられる。

河合　もちろん。それを必死になってつくってきた。そして、西洋近代は、表層的なものを非常に強化し、厚くした。

ところが、表層を強化するのをやり過ぎて、深いところと切れていくと、ふっと急に何も面白くなくなったり、急に元気がなくなったりってことが起こる。根っこと切れるからね。それが今起きているいろんな多くの問題です。

佐田　一九九〇年代の日本で癒しという言葉があふれたのも同じことですね。

河合　日本は遅れて近代化したから、頑張ってやり過ぎた。自然科学によって把握された合理的な現実が、唯一《ゆいいつ》の正しい現実だと思い過ぎた。その居心地の悪さを取り返すのが、まさに物語の復活なんです。

佐田　村上春樹さんは「物語」を書くことは「自身の癒し、自己治癒《ちゆ》だ」と。

河合　ちゃんと言うてる。すごいですね。それは大江健三郎さんも言っていますよ。

僕は、言うたら、来談者たちにそれをやってもらってるんです。僕は、普通の人は、自分の人生がその人の物語なんだという考え方なんです。自分の人生をつくっていくことで、自分を癒している。それを僕は助けている、と。

佐田　箱庭療法を広めて三十年余。表現する行為は、癒しになるんですか。

河合　砂遊びみたいに何も思わずつくってるんだけど、だんだんその人の持っているものが表現されてくる。自分でも思わんものが出てくる。だからつくるだけで、治っていく。
　あらゆる創造活動はその人を癒すんですわ。人間はみんな治る力を持ってるんで、それを表す場を提供する。

佐田　自身は何をなさる。

河合　僕は黙って見ている。近ごろますます何も言わん。で、来談者が癒されていくのを見て、僕も癒されてる。共に生きますからね、その経過を。

佐田　それが、カウンセリングですね。

（「朝日新聞」一九九七年六月九、十、十一、十二日）

あとがき

日本の教育に関心を持つ人が多い。雑談のときも、つい教育論が花を咲かせる。誰もが現状を嘆き、何らかの打開策を考える。これほど日本中の人が関心を寄せ、熱心に考えているにしては、日本の教育はあまりよくなったと思えない。むしろ、だんだん悪くなってきつつある、と思う人が多いだろう。これはどうしてだろう。それは、教育をよくするために、どこかの何かの「制度」を改善しようとする。あるいは、どこかの、誰かの「悪い」ところを見出し、改変しようとしてもよくならないので嘆く、ということを繰返してきたのだが、実のところは、他を嘆いたり責めたりする前に、日本人のひとりひとりが、自分を変える努力をしなくてはならぬことを認識していないからではないだろうか。

端的に言えば、日本人の意識革命が必要である。日本人の考え方や生き方が、まちがっていたとか悪かった、というのではなく、時代の変化に応じて、それに相応する変化をしなくてはならないのである。

いじめや不登校が確かに増加して、それは何とかしなくてはならない。しかし、短絡的に「根絶」ばかり叫んでも何の意味もない。むしろ、このような現象は、日本人が生き方を変えるように、それを促すための起爆剤のような意味さえもっている。そこで、これらの現象の背後にあるものをよく解明し、それにどう対処すべきかを考え、じっくりと取り組んでいかねばならない。

ここに収められたのは、以上のような考えに従って、いじめや不登校、それに関連して、日本の家庭教育や学校教育について、私の考えを講演や対談の形で示したものである。講演や対談なので、読者にとっては、読みやすいものになっていると思う。ただ、読みやすくはあるが、そこに述べていることは、実際に実行していこうとすると、なかなか難しいことであるし、そこに示されている考え方もそれほどやさしいものではないことを知っていただきたい。現在の日本の教育について考え、何かすることは、なまやさしいことではないのである。

たとえば、このなかで、しばしば「悪」について語っているが、これは何も悪を単純に許容することを説いているのではない、と言って、それを無くすることばかりを考えていたのでは、結果は好ましくない。そこには、相当なジレンマやパラドックスがある。このような一筋縄ではいかぬことを、場合に応じてじっくりと考えていく態度が必要なのである。

ここに収録した対談は、いずれも私にとって学ぶところが多く印象的だったものである。いずれも私とは専門の異なる人たちであり、それだけに思いがけない切口を示されたりして、大いに参考になった。

奥地圭子さんは不登校の子どもたちのためのフリースクールを開いている人である。その経験に裏打ちされた言葉は、子どもにいかに接するべきかを伝え、教育の本質について考えさせられる。次に、大川公一さんの司会による芹沢《せりざわ》俊介さんとの対談は、私にとっても興味深いものであった。芹沢さんは社会学の立場から教育の問題について、実に鋭い発言をされている方で、前々から一度お会いしたいと思っていたので、有難い機会であった。特に「イノセントの崩壊」という説には関心をもっていたので、それについて話合いができたのは嬉《うれ》しかった。読者は社会学と臨床心理学という異なる視点からの論が、嚙《か》み合ったり、からみ合ったりする面白さを味あわれるであろう。

赤坂憲雄さんは、現代社会の問題に正面から取り組んでいく、気鋭の哲学者として、以前から注目していた人である。「いじめ」についてのタテマエ抜きの対談は、読者に多くのヒントを与えると思う。

如月《きさらぎ》小春さんと、演劇のことを素材としつつ話し合えたことは、楽しい経験であった。私はカウンセリングや教育の本質を考える上で、演劇論や俳優論は非常に参考になると思っていたので、このような機会を得たことは、幸せであった。学校教育のなかで、演劇ということをもっと取り入れていいのではないかと思っている。

最後に、新聞記者の方々のインタビューに答えているものを収録した。記者の鋭いセンスに応じているので、短いが意味あるものと思う。朝日新聞社の佐田智子さんは、教育に関して深い関心を持ち続けてきた人だけに、インタビューというよりは対談のようになって、実に有意義であった。

本書の出版にあたっては、長い間のおつき合いである潮出版社編集部の背戸逸夫さんに、編集のすべてにわたってお世話になった。ここに厚くお礼申しあげる。

一九九九年四月

解説「河合隼雄さんの声」

芹沢俊介

河合隼雄氏にお会いしたのは二度である。二度とも対談であり、そのうちの最初のものは本書に収録されている。角川書店の発行していた「国語科通信」が企画してくれて、京都でおこなわれた。初対面のせいか、おたがいいささか緊張気味の立ち上がりだったが、司会を引き受けてくれた大川公一氏（当時成城学園高校教諭）のざっくばらんで絶妙な話題の引き出しによって、しだいにほぐれてきた。以後、存分なサービス精神を発揮された河合氏の本領躍如という趣きであった。相手の私がいうのもおかしいが、河合氏の数ある対談のなかでも出色のものの一つになったのではないか。

二度目は雑誌「潮」の企画で、文化庁の長官室でお会いした。メモを見ると二〇〇四年九月一七日とある。一時間ばかりのあいだの、少年犯罪をめぐるあわただしい対談であった。このときも河合氏はめいっぱい笑顔でつきあってくださったが、病気のせいもあったのだろう、ひどく疲れている様子で顔色が冴《さ》えなかった。話した内容よりも、そのことのほうが後々まで気になったのであった。

さて、この本で一貫して話題の中心になっているのは、「個性を育てる」というテーマである。以下にこのことをめぐる河合氏の発言のポイントを拾い出し、私なりの注を付けてみよう。ほんとうの意味での個性教育は、パラドックスに満ちたものであることが鮮やかに浮かび上がってくるはずである。

①教えないこと

「個性を大切にすることが難しいのは、教えられないからなんです。教えたら、もう個性じゃなくなるわけだから。だから、個性を大事にしようと思ったら、ちょっと教えるのをやめて、待っていなければならない。そして、子どもから出てきたもの（個性＝注）を援助するわけです」

自主性を尊重することから、子どもの学ぶ力が出てくるという言い方はこれまでもあくびが出るほど繰り返されてきた。河合氏のことばのなかにある個性は自主性とほとんど同じであると考えていいだろう。では個性＝自主性を尊重しろというが、その尊重したい個性＝自主性はどうしたら生まれるのか、という問いにこのことばは答えようとしていない。口先だけの他人事《ひとごと》だからだ。

河合氏の右のことばが魅力的なのは、この他人事性を、教える教師、おとなの自分事に転換してしまっていることだ。つまり教師、おとなの本気を問うていることだ。彼らを実践の場に引き据えて、「あなた」は本気で子どもの個性、学ぶ力を引き出したいと願っているのかと問いかけているのだ。本気を問いかけておいてそのうえで実践的な示唆《しさ》を与えようとする。「教えるのをやめて待つこと、そして、子どもから出てきたものを援助すること」

子どもから出てきたものが自主性であり、個性であることはいうまでもあるまい。だが、このように述べると、この先に次の難関が立ちはだかっているのがみえてくることも確かだ。教師もおとなも「待つこと」ができない。というのも、とりわけ教師はその性において「教える」のをやめられないからだ。

②見守ること

「『いじらないでくれ』というのとほとんど同じで、まだ受け入れられそうなのは『見守るようにしてくれ』という言い方ね。これはもうちょっと説得的です。ただ、見守るほうが教えるよりもエネルギーが何倍も要るということです。それがわかってきた先生は見守るんですけれども、わからない人は見守ることはサボることだと思っているんです」

「いじらないでくれ」ということばには説明がいる。このことばを教師たちの集まっている場で使ったのは私（芹沢）である。学校に何を期待するかと問われた私が「学校にはまったく期待していない。できたらなるべく子どもをいじらないでください」と言って熱心な教師たちに反感をかったという話をしたのである。河合氏の発言は、このエピソードを受けてなされたのである。

河合氏の発言に、司会の大川氏が二十五年の現場経験を踏まえて「黙って考えつつ見守る」ということがようやく出来るようになってきたと述べ、手を出したほうが自分の教師としての仕事をやっているという気持ちになる、というふうに内省的に応じているのがおもしろい。

大川氏のことばに河合氏は「熱心な先生というのがそれなんですよ。はたから見ていると、熱心極まりなく子どもをいじっている先生がいるんです」というように熱心な先生像の実体の把握へと進んでいく。

「いじらないこと」「見守ること」は「待つこと」とほとんど同じ意味でありながら、おそろしくエネルギーが要るという力感が語られている点で、「待つこと」ということばが発せられる場所とくらべ、子どもとの距離は接近しているとみていいだろう。しかし「エネルギーが要る」という表現は、依然として抽象的であるというそしりをまぬかれないことも事実だ。

「待つ」「いじらない」「見守る」における「エネルギーが要る」という力感の抽象的表現が、身体感覚を帯びた具体的なかたちをとったのが「振り回されること」である。

③振り回されること

「私らは上手に振り回されてその子が立ち上がっていくのを待つので、まあ柔道みたいなものです」

「振り回される」が肯定的に語られていることは十分に注目していいことだと思う。ただし上手に振り回されようと下手に振り回されようと、肝心なことは「振り回される」ことなのである。むしろ子どもに振り回されるのが教師の役目、親の役目といいきってもいいだろう。

「振り回される」は、子どもから逃げたり、子どもの表出を抑えこんだりするのではなく、主体を子どもに預け、主体である子どもの表出を受けとめようとすることにおいて現れる。「待つ」は、相手に自分を委《ゆだ》ねることにおいてはじめて成立する態度であることがわかる。

かくて「待つ」「いじらない」「見守る」は「何もしない」に進化していく。

④何もしないということ

「私は、『育師』だといいました。ですから教えることはほんとうに少ないです。勉強しない子がやってきたときに、その子が勉強する、学ぶような子どもにどう育っていくか、ということを考えます。どうするのか、結論は簡単で何もしないということです。でも、これほどむつかしいことはないんです」「その子が何もしないときは、こっちも『ああ、何もせんなぁ』とおもってボヤッとしていることです。だいぶ訓練が要ります」

「育師」は「教師」というありかたとの対比において、そして教えるという姿勢と対照的な位置に自分をおくために、編み出されたことばだ。「師」ということばに河合氏の教師根性の解体が足りないという思いを感じる人がいるかも知れない。そのとおりだと思うが、教育者相手の講演のなかで用いられていることを考えれば、教えるということにあまり「張り切るな」というニュアンスをも同時に受け取るべきだろう。教えるということに張り切る教師（おとな）は、子どもを「よい子」の路線に乗せたいばかりに、自分の善意を押し付けることに熱心で、子どもの個性の発現を抑え込んでいることに気づかない。善意の暴力性を自覚できないと河合氏は述べる。

「おとなの善意は子どもを傷つけるほんとうに大きな武器の一つです」

「私はそういう意味のおとなの善意は、ほんとうに恐ろしいと思います。よいことをするおとなで一番困るのは、反省しないことです」

「だから、私はこのごろこう言うのです。われわれが難しいのは、昔の親と違って『子どものために何かしない愛情』というのがあるということなのです。何かする愛情ではなく、子どものために、しない愛情を与えなければならないので、すごく難しくなっています」

「何もしない」の究極は「居る」である。

⑤居るということ

「指導しない。言って聞かさない。何もしない。しかし、居るということ、これが出来たらもう最高なんです。だから、皆さん図書室におられて、なんかしらんけど、あの先生がおったら行きたくなる、というのが最高なんです」

「母がいるということは、はたにいなくてもいいんです。職場に行っておろうがどこにいても、お母さんというものが存在するということを子どもが腹の底で知っておればよい」

何かするのではなく、子どもの前に自分を差し出しておくこと。差し出しつつそこに居ること、それが「居る」ということだろう。

もう一方に、次のように語る河合氏がいる。近代日本の教育は、西洋の文明を早く取り入れようとして、西洋の文明を型として理解し、その型を早く身に着けさせようとすることであった。型の習得は、一方向へと導く点で、個人の能力の多方向性、多様性を無視する。個性的な子どもはこのような画一的で平均的な日本の学校教育に馴《な》染《じ》みにくい。ここに不登校やいじめという問題が出てくる要因があるのではないか。

しかしこのように語るところには河合氏のほんとうの声は聞こえない。引用してきたような、いつも一人と一人の関係のなかで教育を語る河合氏の声を私は好きなのである。

（平成二十一年七月、社会評論家）

この作品は平成十一年六月潮出版社より刊行された。

新潮文庫最新刊

河合隼雄著
いじめと不登校
個性を大事にしようと思ったら、ちょっと教えるのをやめて待てばいいんです——この困難な時代に、今こそ聞きたい河合隼雄の言葉。

宮本照夫著
ヤクザが店にやってきた
—暴力団と闘う飲食店オーナーの奮闘記—
長年飲食店を経営してきた著者が明かす、ヤクザを撃退する具体策。熱い信念に貫かれた、スリリングなノンフィクション。

NHKスペシャル取材班著
グーグル革命の衝撃
大川出版賞受賞
人類にとって文字以来の発明と言われる「検索」。急成長したグーグルを徹底取材し、進化し続ける世界屈指の巨大企業の実態に迫る。

T・R・スミス
田口俊樹訳
グラーグ57（上・下）
フルシチョフのスターリン批判がもたらした善悪の逆転と苛烈な復讐。レオは家族を守るべく奮闘する。『チャイルド44』怒濤の続編。

R・バック
法村里絵訳
フェレット物語
大女優の恋
女優を目指すシャイアンと自然を愛するモンティ。目標のため離れ離れになった二匹だが。夢を追う素晴らしさを描くシリーズ第四作。

J・バゼル
池田真紀子訳
死神を葬れ
地獄の病院勤務にあえぐ研修医の僕。そこへ過去を知るマフィアが入院してきて……絶体絶命。疾走感抜群のメディカル・スリラー！

いじめと不登校《ふとうこう》

新潮文庫　か－27－8

平成二十一年九月一日発行

著者　河《かわ》合《い》隼《はや》雄《お》

発行者　佐藤隆信

発行所　株式会社新潮社

郵便番号　一六二—八七一一
東京都新宿区矢来町七一
電話　編集部(〇三)三二六六—五四四〇
　　　読者係(〇三)三二六六—五一一一
http://www.shinchosha.co.jp

価格はカバーに表示してあります。

乱丁・落丁本は、ご面倒ですが小社読者係宛ご送付ください。送料小社負担にてお取替えいたします。

印刷・二光印刷株式会社　製本・株式会社大進堂

ISBN978-4-10-125228-5 C0137